紫金人类学书系

范可／主编

南京大学社会学院研究生学位论文基金、
江苏省普通高校研究生科研创新计划项目（编号：CX10B_018R）资助
江南大学法学院著作出版基金资助

门槛之外
——城市劳务市场中的底边人群

Beyond the threshold
Living at the bottom of the Urban Labor Market

王 华／著

知识产权出版社
全国百佳图书出版单位

图书在版编目（CIP）数据

门槛之外：城市劳务市场中的底边人群／王华著.
—北京：知识产权出版社，2016.7
（紫金人类学书系／范可主编）
ISBN 978-7-5130-4213-0

Ⅰ．①门…　Ⅱ．①王…　Ⅲ．①民工—研究—中国
Ⅳ．①D669.2

中国版本图书馆 CIP 数据核字（2016）第 117038 号

责任编辑：李学军　　　　　　　　责任出版：刘译文
封面设计：STSJ

门槛之外——城市劳务市场中的底边人群
王　华　著

出版发行：**知识产权出版社** 有限责任公司		网　　址：http：//www.ipph.cn	
社　　址：北京市海淀区西外太平庄 55 号		邮　　编：100081	
责编电话：010-82000860 转 8559		责编邮箱：752606025@qq.com	
发行电话：010-82000860 转 8101/8102		发行传真：010-82000893/82005070/82000270	
印　　刷：北京中献拓方科技发展有限公司		经　　销：各大网上书店、新华书店及相关专业书店	
开　　本：787mm×1096mm　1/16		印　　张：16	
版　　次：2016 年 7 月第 1 版		印　　次：2016 年 7 月第 1 次印刷	
字　　数：212 千字		定　　价：49.00 元	
ISBN 978-7-5130-4213-0			

郝瑞序

　　"紫金人类学书系"的创建代表中国改革开放后的人类学进一步成熟。这一经过艰难曲折的学科，正在实现它几十年的承诺，发挥它应有的贡献，展望着它的未来。

　　现代中国人类学的传承是多样性的，三条支流汇入一条新的主流。第一支流是新中国成立前接纳欧美的两个比较新的学科，改变它们而适用于中国的具体情况。在人类学、社会学两个旗帜下，学者们在汉人农业社区和各少数民族群体进行实地调查。成果不少，包括中外文著作、文章，也有一些很嫩的新理论的萌芽。这条支流在新中国成立初期被堵塞，但没有完全断流。当代学者在如吴文藻、费孝通、芮逸夫、凌纯声、林惠祥、林耀华、梁钊韬等先锋长辈所打下的基础上进行详细的民族志工作而创建部分本土化的理论。这个支流的特点是强调研究现实社会和理论方法的灵活性和适应性运用，社会服务精神很浓。

　　第二支流是新中国所带来的苏式民族学，从 20 世纪 50 年代一直到 90 年代初占据了学科霸权的地位。它为服务党和政府建立统一多民族国家的需要，扩大了对象范围，推进学科的系统化，在之前比较薄弱的知识基础上添加了丰富宝贵的资料与知识。但是，这条支流的发展，却导致了两种不利于学科发展的现象：首先是对象范围又回到最边缘的小社群，把研究对象限制到少数民族群体，把汉人社区推到社会学的地盘。继而又视社会学为"资产阶级"学科而把它取消，从而实际上阻碍了人类学对汉人社会的进一步深入了解。这个支流的特点是强调历史演变，理论方法比较生硬，但社会服务精神也很浓。

第三支流是世界人类学在 20 世纪 80 年代的巨变，对象从"原始"社区扩大到全球化的世界里的固定或流动的社群，理论从文化单位相对论和结构主义转到文化互相交流、重构、融和论和后结构主义。这条支流进入中国人类学主流的过程比较长，因为老一辈的学者大多习惯了苏式民族学的思考方式。但是，因中外人类学者在八九十年代加速交流，如范可博士和他同辈学者们不少人都在欧美国家训练，接受了新的人类学理论和方法。新世纪一开始，这个支流的影响在中国加速。它的特点是注意世界各种人口、思想和资本的流动性，以及理论方法的多样性，社会服务精神有浓有淡。

范可教授在我执教的华盛顿大学获得博士学位，回国后被聘为南京大学社会学院人类学研究所所长和博士生导师，在中国人类学发展，帮助中国人类学三个支流汇集的过程当中扮演了重要角色。他不但因为 20 世纪 80 年代在厦门大学读书和教学而对中国人类学传统宝库有深入的了解，知道有哪些地方尚待改进，又在跟我攻读博士学位的过程中了解了世界人类学的发展趋向。他把自己的两个支流都注入南京大学新建的人类学科研和教育的大茶壶里，和他的同事一起，建立了一个既传承中国社会科学的传统，又加入世界人类学共同体的教研机构。

我 2012 年访问南京大学并进行演讲期间，范可博士给我安排机会与人类学研究所的博士生和硕士生交流，了解他们的训练和研究，给我留下了极其深刻的印象。他们以自己在社会上的经验和他们所关心的社会问题为出发点，选了既对社会问题，又对人类学理论与方法有价值，而且有可能作出贡献的对象与主题。因此，当我接到范可教授的来信，告知将要推出"紫金人类学书系"时非常高兴，但并不吃惊。建所 10 周年是应该有成果的时候，只需要有个场合将它们发表、呈现给国内外人类学界。为此我们也应该感谢李学军先生，他及他的出版社给中国人类学界提供了一个发表的平台。

　　我最近几年遇到愿意在中国国内读人类学研究生的中国学生，总是推荐南京大学人类学研究所和范可教授。本书系的创立，更加强我这个趋向。不仅中国人类学界而且世界人类学界、中外社会科学界，以及所有关心中国社会问题的同仁们，都应该重视范教授和他的学生的贡献。我祝贺书系的创立，希望本书系和它所代表的人类学发展过程将来能进一步发展，扩大它对我们了解中国社会的贡献。

郝瑞（Stevan Harrell）

2015 年 4 月 11 日于西雅图

周晓虹序

时间过得真快，人类学研究所成立已经 10 年了。记得 2001 年 5 月我担任南京大学社会学系主任后，时任校长蒋树声教授与我例行谈话，主要议题即是社会学系的学科建设问题。那时的社会学系教师总计不过 20 人，教师中包括日本归来的贺晓星博士在内，有博士学位的也不过 4 人，其中我和张鸿雁教授获得的还是历史学博士学位。当时系里的大多数教师除了上一些社会学的课程外，还必须教授 1—2 门保险学的课程，尽管没有一位教师受过保险学的专业训练，但此前系里将此视为推动经济社会学建设的有效路径。我还清楚地记得那些对保险学一窍不通的社会学专业的老师们疲于应对的窘迫，记得我自己是通过开设广告学和公共关系学来消弭这一窘迫的——好在保险专业的训练十分看重"展业"能力，而这些课程对于保险人才的展业能力，一句话，"推销"保险都是必不可少的。[1]在我担任社会学系主任之职，尤其在将保险学专业交还给商学院后，除了进一步推进社会学的研究和教学外，再开辟哪些新的领域或专业，成了我上任后的当务之急，也是与蒋树声校长谈话的主题议题。

在当时的社会学一级学科设置中，只有 4 个二级学科：社会学（这即许多教授所诟病的老子、儿子同名——一级学科和二级学科都

---

[1]　说句实话，尽管由我这样一位社会学背景出身的教师教授广告学和公共关系学似有不妥，但我个人的经历和此时的兴趣使得这样的"充数"倒不至于误人子弟。自 1992 年为仪征化纤公司设计和策划整体企业形象（CIS）并写出"与世界共经纬"这句流行一时的广告语后，我对广告和公共关系的兴趣空前高涨，还在 1995—1999 年四年间开设了一间名为"九歌广告公司"的机构，一度做得风生水起，直到 1999 年去美国哈佛大学费正清中心访问才收手作罢。

叫社会学）、人口学、人类学和民俗学。在我们的 20 位教师中，除
了社会学（当然还兼及保险学）18 人外，另有 1 位教师教授人口
学、1 位教师分别教授人类学和民俗学。社会学自不必言，在整个社
会学一级学科中它的从业人员最多，学理根基、社会影响和实用价
值也相对最大，如果要在中国社会学界"安身立命"舍此难觅其他。
所以这 15 年来我们一直积极地"组建"最好的社会学研究团队，除
了提升原有教师的水准外，从最初引进风笑天教授到后来引进彭华
民、刘林平和吴愈晓教授，团队建设从来没有停滞，包括陈云松、
郑震、郑广怀、梁莹等一些年轻学者陆续加盟，我们的社会学学科
建设确实称得上风生水起。

　　不过，尽管作为二级学科的社会学在社会学一级学科中地位显
著，但单单一个社会学是难以支撑起整个学科的大厦的。人口学地
位独特，在中国最初的社会学学科建设中，因为中国的人口众多，
加之联合国教科文组织的积极支持，中国的人口学建设曾经一枝独
秀，包括南京大学在内的许多综合性大学不仅都设有人口学研究机
构，而且这些机构在联合国人口基金（UNFPA）的支持下最初都经
费充足——我记得在 20 世纪 80—1990 年代，在中国每万人仅有 5 辆
汽车的时代，许多大学的人口学研究所甚至拥有自己的小轿车，那
让人羡慕的感觉就像现在的"土豪"拥有自己的直升飞机一样。但
是，南京大学的人口学却命运多舛，在早期的一度繁荣之后，随着
几位老教师的退休和年轻教师的出国，剩下不多几位人口学教师却
连同机构——人口学研究所——留在了商学院。这些年来商学院因
开办各类 MBA 尤其是 EMBA 在经济收入上的"一枝独秀"，使得人
口学教师大多不愿意离开商学院，更不愿意到与草根社会打交道的
社会学系——尽管这是教育部划定的人口学的学科归属。这样一种
奇怪的学科建制，自然妨碍了人口学学科的发展：商学院虽然不能
将早先的几位教师"赶走"，但对发展人口学显然也没有任何兴趣；
新进的人口学教师在社会学系及后来的社会学院也一直没有自己的
学术机构（学校明确规定，在同一个学科方向上不能同时建两个同

名学术机构），这使他们难以形成自己鲜明的学科认同。我认为，南京大学的人口学之所以会由盛及衰，一方面与国家的整体人口大势的改变有关，另一方面则与上述独特的学科建制有关。这也是为何这些年来我们在人口学学科上只引进了毕业于德国马尔堡大学的陈友华教授等不多几位人口学教师的缘故之一。

这样一来，学科发展除了社会学以外，当时只有人类学和民俗学两条道路可走。考虑到人类学在英美国家一直是文理学院常规的学科建制，它与经济学、社会学、政治学、心理学并称社会科学的五大学科；而民俗学在多数国家只是人类学下的文化人类学的一部分，其关注的民俗现象确实不过是特定民族的文化表征之一，中国的民俗学者又主要是民间文学的研究者，因此在这两者之间基本只有一种选择：推进人类学学科的发展。记得要选定这样的学科发展目标，对当时只有半个人类学教师的南京大学社会学系来说，并不是一件太容易的事。记得在与蒋树声校长的谈话中，我对校长说，人类学家关注异文化，尤其是不发达的国家与社会，所以在世界近代化过程中先后崛起的英国和美国也先后成为全世界人类学的大本营；我也对校长说，随着中国在全球化过程中的崛起，我们也一定会发展出对世界各国、各民族的研究兴趣，从人类学研究的客体转身为人类学研究的主体。值得庆贺的是，作为物理学家的蒋树声校长一听就懂，他不仅同意了我的学科发展设想，而且在此后的一段时间内一直积极给予了坚定的支持。

既然确定了发展人类学，首先要做的就是找到能够作为学科带头人的优秀学者。恰逢此时，2002 年秋，我应美国华人人文社会科学教授协会（ACPSS）邀请，前往地处硅谷的圣何塞大学（San Jose State University）参加 ACPSS 的学术年会。会议结束后，我前往紧邻加州北部的西雅图，拜访我的朋友、华盛顿大学人类学系的 Ann Anagnost 教授，希望在人类学学科建设方面能够获得她的帮助。记得我的想法一表达，Ann 就推荐了前一年刚刚获得华盛顿大学人类学博士学位的范可，并且立即驱车带我去范可家拜访。范可博士在赴美攻读博士学位前曾先后毕业于中山大学和厦门大学，并担任厦门大学人类学系的教师，不仅受过人类学学科的严格训练，而且在中美人类学界都有着广泛的人脉，是理想的学科带头人人选。尽管谈话只有一晚，但我们却一拍即合：2004 年 5 月，范可博士由西雅图赶赴南京，受聘南京大学教授，并正式出任新建的南京大学人类学研究所所长。

有了开端，一切似乎都水到渠成。接下来，毕业于英国伦敦政治经济学院人类学系的杨德睿博士来了，毕业于美国芝加哥大学人类学系的邵京博士来了，两位更为年轻的人类学博士褚建芳和杨渝东也从北京大学来了，短短几年间我们的人类学研究所一下子有了 6 位正式的教师，就其规模而言在综合性大学的社会学院系中大概仅次于中山大学、厦门大学和北京大学的人类学系所，我们所期望的人类学研究队伍一时间初具规模。

在最近 10 年的时间里，人类学研究团队招收了博士和硕士研究生、开设了 10 多门各类课程、召集了一系列颇有影响的人类学会议，还邀请了诸多海内外人类学家来南京大学交流讲演、举办了题名"谋思谈"的系列 seminar，在这一系列活动中范可教授都起到了核心和枢纽作用，他对人类学知识在南京大学乃至整个中国东部地区的传播起到了不可替代的作用。

"紫金人类学书系"是范可教授及其指导的博士研究生近年来的研究贡献，它一方面代表了南京大学人类学研究的最新成果，另一方面使得我们在 1949 年前就开始的人类学传统得以延续。可以确信，这些研究著述的出版将会进一步推动南京大学乃至整个中国的人类学研究之进步，而这些进步将会一点点积累起来成为我们这个大变迁时代的精神成就。

是为序。

周晓虹

2015 年 5 月 20 日撰于南京大学 113 周年校庆

　　本书系缘起于出版人李学军先生与我的一次邮件联系。李先生在邮件中表达，他所供职的知识产权出版社非常期待多出版人类学方面的著述。他的盛情相邀使我考虑：何不借此机会出版学生们的研究成果呢？于是，就有了紫金人类学书系的构想。之所以用名"紫金"有两个意思。其一，我所供职的南京大学坐落于紫金山麓，紫金于是经常成为学校的象征。其二，我在国外的母校华盛顿大学（University of Washington），以紫金为主色调。紫金是学校运动队战袍的颜色。所以，前者表明了这套书系的作者们与南京大学的关系——供职、同事、师生、校友；后者表明了师承上的关系。目前为止，南京大学人类学研究所唯有我一人为博士生导师，所以在第二位博导所带学生的成果出现之前，我会乐于强调这样的师承。同时，我还必须说明，一所大学所培养的博士成色如何，在很大程度上并非取决于教授们的言传身教或者耳提面命，而是取决于所处的氛围。一所好的大学一定有着良好的交流与讨论的传统。与国内其他大学相比，南京大学相对说来更为自由的学风和教师们的敬业精神，对于我们的同学们有很大的影响。这样的氛围熏陶了我们的学生。

　　南京大学人类学研究所成立于 2005 年 2 月，今年恰逢 10 周年。但是，南京大学的前身——原中央大学和金陵大学，一直有着人类学研究。原中央大学的凌纯声先生是为著名人类学家，曾对黑龙江流域的赫哲族进行过开拓性研究，对湘西苗族等也出版有细致的田野调查报告。金陵大学农村经济学者卜凯（John Buck）和他的同事们也对中国农村有过十分深入的社会学与人类学实地调研，研究成

果在海外学界被广为援引，并曾引起 20 世纪 30 年代国内学界有关
中国农村土地与社会性质的大论战。而柯象峰等学者则在当年有着
一定人类学色彩的"边政研究"上有自己独特的视角与贡献。他们，
是当今活跃在学界的南京大学人类学群体的学术前辈。今天，我们
传承的是他们的薪火。按照中国的传统，一个机构成立 10 周年总该
有些表示。这套书系的推出可视为我们自己对 10 年来走过的路子的
一个回顾。它仅仅是这一过程的一个片段，因为它只涉及在南京大
学获得人类学博士学位的同学们的阶段性成果，展现他们所经过的
人类学"成年礼"。所以，列在这套书系里的第一批成果仅仅展现了
我们这个研究所成立 10 年来所做的部分工作。

任何一个研究与教学机构没有出版必难以立足。自洪堡
（Wilhelm von Humboldt）以来，现代大学除了承担教书育人的工作
之外，知识的生产已经是工作的重心。人类社会如果没有大学承
担的研究工作与知识贡献简直无法想象。知识的生产除了开发未
知的领域之外，还包括对周围自然与人类自身的了解与理解。社
会人文学科的工作者以他们的视角与方式，探求人们的心灵世界
与行动的意义，并力求理解这些意义。100 多年来的学科历史表明
这么一种过程：从对世界和人类自身本体意义追寻到认识论意义
上的讨论，并进而再回到本体论意义上的解答。这样的过程背后，
反映的是时代的变迁对人类学知识发展的需求。今天，我们的世
界已然全球化。不管你喜欢或者不喜欢，这都是一个无法否认的
事实，而且这一潮流已经不可逆转，没有一个国家、一个社会可
以置之度外。那么，全球化给我们带来什么样的影响？那就是除
了那些凭直观就可以体察到的现象与事实之外，还有如费孝通先
生早在世纪初年便已指出的"问题的全球化"。我们的社会所面
临的问题不仅是我们才有的，而且是世界性的，只不过因为它们
都在各自的社会文化语境里才有了具体的意义。从这个意义上来
讲，全球化的世界实质上是一个网络化的世界，它对今天的人类

学研究或者人类学知识的生产，提出了不同的要求。

　　全球化的时代是一个带来希望的时代，也是一个产生问题的时代。人类学研究在这个时代里，有了许多新的刺激和议题。正因为这个时代是一个比以往任何时代都更具流动性的时代，人类学的议题和关注也就必然不再以那种预设为停滞不变的社区或者文化为对象，因为在事实上那样的社区已经不复存在。即便我们到一个偏远的地方从事实地研究，我们关心的依然是它的变动与流动。民族志研究上体现出来的对人类社会与文化的流动与静止的预设，固然可以反映人类学学者的局限与认识的发展，但在当今这样的时代，你要不感受到"流动"还真不行。因此，今天的人类学也就对我们有了一些新的要求：我们都应当直面当下。在一个问题全球化的时代从事人类学研究，就应该有所担当（engaged）。我们除了深化学理性的认识之外，还应当对"现状"提出自己的质疑与挑战。令人兴奋的是，南京大学人类学研究所的博士研究生们都在研究中寻找真问题，并对这些问题提出了自己的理解与回答。

　　这一书系里的民族志作品，从选题到田野地点的选择都是同学们自己进行的。作为指导教授，我只能就他们的研究打打边鼓，或者与他们聊聊天谈谈研究方面的问题以为"启发"。整体研究工作都是同学们自己完成的。在他们成长的过程中，社会学院和研究所的其他老师们也都起了重要的作用。他们传道授业的教泽令同学们受益匪浅。我的母校华盛顿大学的郝瑞（Stevan Harrell）教授和安德训（Ann Anagnost）教授，以及波士顿大学的魏乐博（Robert Weller）教授、伦敦政治经济学院的石瑞（Charles Stafford）教授、哈佛大学的赫兹菲尔德（Michael Herzfeld）、布朗大学的顾德民（Matthew Gutmann）教授等国际知名学者，在他们或长或短的访学期间，也都从不同的方面对同学们进行了指导或者与同学们进行交流。尤其是我的业师郝瑞教授，他在紧张的行程中，还不辞辛劳地专门召集正在进行田野研究的博士研究生们，询问他们所进行的研究并具体进行指点。魏乐博教授作为福布赖特学者在南京大学人类学研究所访学一年（2013—2014）。在此期间，他参与所里的各种活动，经常与同学们切磋讨论答疑解惑。在此，我代表我们的同学们向他们表示衷心的感谢！

由于国内学制的限制，我们很难要求同学们也像国外人类学研究生那样，进行至少长达一年的田野研究。其实，一旦我们的田野工作以"问题"为基础，那么，是否一定得进行一年以上也就成了问题。尽管我没有对同学们的田野工作有任何硬性要求，但同学们也都尽量克服困难，尽可能地在田野里待更长的时间。有的同学在写作期间还反复回到实地，进一步充实资料以求印证写作过程中浮现出来的一些思考，或哪怕是求得一丁点儿的证据。毋庸讳言，从对学术的严格要求来看，这些同学的民族志著作不可能没有瑕疵，它们可能看上去还稚嫩，有些地方可能还有待商榷。但从选题到研究的视角，它们都生机勃勃，饱含了强烈的学术使命感；它们都关注我们的国家与社会所存在的问题，体现了一代学子的担当意识和对未来的期许与关怀。他们的成长令人欣慰。本书系中的民族志著作都燃烧着作者的学术激情，中国人类学的发展与未来应该属于这些有着强烈使命感与问题意识的青年学子。

范可

2015 年 2 月 9 日

徐杰舜序

人是要有点理想的。不然枉来人世，也枉过一生。

人类学者更是要有理想，因为人类学者天生就是关怀人类命运的人，就是关怀自然生态的人。

在中国，由于历史的原因，人类学曾经被"灭"了近30年，改革开放后，人类学虽然得以重建，但却沦为其兄弟学科社会学和民族学之下的一个"二级学科"。人类学的这种尴尬地位，当然影响了其自身的发展。当社会学成为显学，民族学成为"宠儿"之时，人类学还在做"一级学科"的"梦"。但是，就是在这种处境下，王华却毅然地走进了人类学，成了一名有博士学位的人类学者。今天，他的博士论文《门槛之外：城市劳务市场中的底边人群》即将出版，来电邀我写一篇序。我说你的博导范可教授已写，我连你的硕士导师都不是，就免了吧?! 他说：不行，你是我进入人类学的带路人和启蒙人，必须写！

此话一说，我再也无法推托了。

确实，近20年来，我主编《广西民族大学学报》，开辟"人类学研究"专栏，召开"人类学本土化国际研讨会"，创建人类学高级论坛，主编人类学文库，出发点不就是认为：人类学太有用了！中国需要人类学！中国不能没有人类学吗！

想起八年前（2008年）的一天，王华敲启了我的家门。那时我并不认识他。只是曾接到广西大学余瑾教授的电话，说她的一名已毕业了的硕士，叫王华，打算考人类学的博士，想让我推荐，希望我能支持他。这年月，年青的学子都奔经济学、法学、管理学去了，有人愿意学人类学？哪有不支持之理?! 走进门的王华，高高的个子，戴着近视眼镜，一副书生像，给人以一种年轻有活力的印象。交谈以后，方知他对人类学有很大的兴趣，想报考南京大学人类学研究所。经余教授的介绍，一想让我推荐，二想让我指导。

见王华学习人类学的心意和决心切切，我恰好又两头熟，余瑾是广西大学的语言学教授，范可是中国人类学粉丝众多的"大师"。若有幸推荐一名有型又有内涵的学生去攻读范可教授的人类学博士，为人类学培养一位人才，那也是功德无量的好事啊！何乐而不为?! 这样，我就成了王华考博的推荐人之一。后又指导王华复习备考，算是在人类学上为王华开了蒙。

王华没有辜负大家的期望。

从范老师的介绍中，可见王华在读博期间，用恶补苦读突破了专业基础关，又用踏实潜心完成了人类学田野的成年礼。2012 年，他以关怀弱势群体为主题的博士论文——《门槛之外：城市劳务市场中的底边人群》通过了答辩，完成了博士学位的攻读，修成南京大学人类学博士的正果。

从此，王华作为一个人类学博士，学术视野更开阔了。他入职后，承袭自己关注弱势群体的学术方向，把研究目标锁定为太湖渔民。去年 10 月 13 日我趁赴南京和上海讲学之机会，到无锡去看望了王华。向学好问的王华抓住机会与我探讨了到太湖渔村做民族志田野的计划。我觉得，近几十年来社会文化的变迁十分剧烈，王华身处太湖之滨，无锡人类学学科很边缘，而太湖渔村一向不受关注，是人类学者非常好的一个研究课题。我非常赞成和支持王华的这个研究计划，希望他坚持挖好挖深"太湖渔村民族志研究"这口学术之井，选择有代表性的几个渔村，一个村一个村地进行田野考察，拿成果说话，积少成多，多年后必成为太湖人类学研究的专家。

此后不久，我就从微信中看到了王华在行动中：凡有时间，王华田野考察的身影不是在苏州光福镇太湖渔港村，就是在常州武进太滆村；不是在湖州小梅村，就是在无锡滨湖区渔港村。他走村串港，坐船下湖，考察渔家的日常生活，了解太湖船菜，探究渔家老手艺的传承和保护……太湖渔民的真实生活——展现在王华的眼前，也——录入王华的田野笔记之中。我相信，这次提笔为王华《门槛之外：城市劳务市场中的底边人群》出版的写序，下次可能要为王华的"太湖渔村民族志研究"写序了。我乐意有这么一天！

是为序

徐杰舜

2016 年 4 月 18 日于武汉江南家园寓中

范可序

改革开放以来，伴随着中国日益卷入全球经济一体化，政府不再对人口流动进行限制。大概从 20 世纪 90 年代中期以后，大量的农村人口涌向城市和沿海发达地区。这些被称为"流动人口"的群体于是有了新的社会身份——"农民工"。这种奇怪的身份是全世界其他国家所没有的，正如许多学者所指出的那样，这一社会身份所反映的是严格的户口制度下所形成的城乡二元结构。由农民所构成的产业工人大军，为推动中国经济的飞速发展作出了巨大的贡献。他们以极低的报酬为国家生产了巨大的财富。但是，在很长的时期内，他们的现实状况却十分令人沮丧。僵滞不变的户口制度使他们在都市生活中处处受到刁难，他们不仅在城市里难以为家，而且还得经受城乡二元制度下城里人因其优越感而形成的对乡下人的歧视。正因为如此，农民工及其所引发的相关社会现象吸引了国内外社会科学界的广泛关注，由此而来的研究文献可谓汗牛充栋。任何学子想在这个领域内有所突破都会感到困难。

当本书作者王华博士甫进南京大学人类学研究所攻读博士学位时，我正好承接了一个课题，该课题涉及公民权（citizenship）问题。我自然会问王华是否愿意也研究这方面的课题。当然，刚刚入学立刻谈毕业论文似乎早了点，但中国的研究生训练在学制上却令我们不得不如此。王华说他十分乐意从事这方面的研究。应该说，作为一位人类学的博士研究生，王华的本科和硕士阶段的训练并不尽如人意。但他却是一位很聪明，充分认识到自己弱项的学生。为了尽快使自己的各方面上轨道，他开始了近乎"疯狂"的学习，如同海绵吸水，尽情地、"贪婪地"汲取知识的养分。由于他经常夜以继日地阅读，我把自己的办公室提供给他，让他在我不使用时在那里学习。

　　如此过了一个阶段之后，王华打算开始"踩点"，为日后的田野工作做准备。第一次出去回来，他却感到莫名的沮丧，觉得无从下手。但是，以王华善于同人交往的个性，我坚信他能做出些与众不同的工作。我一直鼓励他，要他充分放开与人接触，并且不要忘记，观察在田野工作中至关重要。参与观察，参与是为了观察。我还要求他阅读苏黛瑞（Dorothy Solinger）那本《在中国城市中争取公民权》（Contesting Citizenship in Urban China）一书。我认为，户口制度是造成我国平等公民权缺失的制度性因素之一。而公民权在国际学术中再度为人所关注，则是全球化的一个后果。全球化所造成的人口跨国流动导致了一些发达国家的各界人士重提公民权的问题，这当中，既有主张外来者与国家公民同享公民权者，也有试图利用公民权来遏制外来移民者。户口制度的存在，使我国城乡居民实际上无法享受平等的公民权利。因此，在某种程度上，我国的农民工如同国外的"外劳"（migrant worker），实际上是一种契约劳工。但在实际上，在北美和欧洲的发达国家，除了"外劳"外，还有大量来自第三世界国家的"非法移民"。但即便如此，这些"非法移民"的子女也没有被剥夺受教育的权利。在我国，性质上如同"外劳"的农民工的境遇真是世所罕见。然而，许多研究农民工问题的学者却几乎克隆了美国社会学界研究移民的理论模式，成天讨论"推拉"、融入、排斥这类问题。许多人居然关注农民工如何"融入"城市生活。我和王华在这方面有着一致的认识，制度上不解决问题，"融入"只是徒具躯壳，难有实质性的内容和有意义的理解。

　　正因为从公民权问题想开去，等级成为王华思考的一个问题。他发现，国内学界（也包括国外）对农民工似乎看作是同质性的群体。其实，农民工内部也存在着多样性。且不谈这种多样性的生成与地方纽带有关系，其也是一种综合性的后果，取决于个体的资质、个人的道德品行、身体的状况等。这是王华在南京一个劳务市场观察的结果。他注意到，劳务市场有这样一群人，他们并不是因为原籍和手艺的类别而在一起，而是因为他们被主体劳动力市场所排斥才聚在一起。他们实际上是农民工群体中被人所忽视的最为无助和最不体面的一群人。谈及这些，我们都颇为兴奋，我们觉得找到了切入点。于是，我让他先阅读一下老一辈人类学家乔健有关"底边社会"的有关讨论以求启发。之所以如此，乃因这部分人被谁都瞧不起。城里人和政府官员就不用说了，"主流"农民工也瞧不起他们，甚至他们自己都瞧不起自己。难道不就是这部分人构成今天的"底边社会"吗？社会政治条件的严苛性，这部分人将永远被一道无形的门槛挡在城市的"外面"。于是，我建议王华从理解所谓"农民工"的多样性入手，寻求理解这群完全为学者所忽视的人群，并为他的博士论文定了现在用于此书的大标题。

王华不仅勤于思考，而且善于思考。门槛问题一提出，他就想到了著名的研究仪式的人类学家特纳（Victor Turner）。结合特纳的理论，王华试图用仪式理论来寻求某种理解。我完全赞同他的想法，而这可能在农民工研究上，甚至在整个移民研究上有新的意义。另外，他的研究也涉及身份的问题，而按照韦伯的见解，仪式可以是划分不同身份的一种标志。所以从理论的谱系而言，王华寻求的理解是站得住脚的。当然，仪式在此只是一个隐喻，至于作者如何运用到他的写作中，读者当可从本书中了解到。但也因为从这个点出发，他在改写博士论文成书的过程中，把原先在博士论文中运用过，但显得生涩的身体政治理论，进一步进行梳理，充分运用田野素材和自己的进一步思考，以提升这本书的学理性。

王华的勤奋使他如期完成了学位论文，如期毕业，并如愿在高校中觅得教职。到了新的岗位之后，王华保持了学生时代的激情，努力工作、勤奋写作。到目前为止，他是我所带过的已经毕业的博士生当中最为多产的一位。目前,他正在太湖研究渔民,这也是一个在传统上被排斥的社群,他们的社会变迁亟待我们去了解。我相信,以王华的努力和善于、勤于思考,我们将能在不久的将来读到他的新作。我也相信,王华善于与人打交道的特点和落落大方的待人接物,一定有助于他的学术发展。

我始终认为,尽管总是强调博士论文要有所创新,但对社会人文科学而言,何为创新有统一的标准吗?在我看来,发现被人们忽视的有意义的社会现象和问题,言人所未言就是一种创新。从这个角度而言,王华的这部博士论文具有创新意义,它告诉我们,在中国城市的边缘生活着这么一拨毫无前景的群体。从身体政治的角度而言,他们被彻底抛弃。因此,他们是体制和社会的牺牲品。当然,铸就这种情况也与他们的个人因素有关。我相信,读者会从王华的书中栩栩如生地看到这群无助的、可怜的人。要求一部作品没有瑕疵是不可能的,更何况一部建立在博士论文基础上的专著。但是,从这部著作中,我们可以看到,南京大学人类学研究所生产出了合格的产品。自己的学生能有这样的表现,吾愿已足。

是为序。

范可

2016 年 4 月 11 日写于访学澳门科技大学期间

CONTENTS 目 录

郝瑞序   I

周晓虹序   V

总序   IX

徐杰舜序   XIII

范可序   XVII

第一章　导言   1

　　第一节　问题的提出与理论观照   2

　　第二节　"农民工"的由来与演化   17

　　第三节　全球化与农民工   21

　　第四节　本书的章节概要   24

第二章　局内局外与你我他   27

　　第一节　初入田野   29

　　第二节　"他者"的世界   32

　　第三节　田野里的"自我"   40

　　第四节　田野工作的难点与挑战   44

第三章　卡在门槛上的人   51

　　第一节　城市化中的"垫脚石"   53

　　第二节　光棍、离异和丧偶者   58

　　第三节　走为上策的"同志"们   65

第四节　非自愿的"反结构"　　　　　　　　　　69

第四章　劳务市场内的日常生活　　　　　　　　**71**
　第一节　中介人员的故事　　　　　　　　　　74
　第二节　与老板的较量　　　　　　　　　　　82
　第三节　打烊后的劳务市场　　　　　　　　　90

第五章　另类的生活，异质的人生　　　　　　　**103**
　第一节　否定性的抗争　　　　　　　　　　　106
　第二节　内部的丛林法则　　　　　　　　　　113
　第三节　爱恨情仇的角落　　　　　　　　　　118

第六章　夜幕下的"赤裸身体"　　　　　　　　**123**
　第一节　何以家为?　　　　　　　　　　　　126
　第二节　侵犯与代价　　　　　　　　　　　　129
　第三节　唯一的资本:身体　　　　　　　　　133

第七章　危险的愉悦　　　　　　　　　　　　　**139**
　第一节　结构性"光棍"　　　　　　　　　　143
　第二节　国家的道德感及其仪式　　　　　　　149
　第三节　知识与治理　　　　　　　　　　　　151

第八章　底边农民工的"去国家化"
　　　　——从农民工的自杀说起　　　　　　　**155**
　第一节　关于"自杀"的讨论　　　　　　　　156
　第二节　自杀者的挣扎与抗争　　　　　　　　161
　第三节　底边农民工的"去国家化"　　　　　167

第九章　结构矛盾的躯体化　171

　　第一节　城市适应论的叙事　172

　　第二节　农民工的公民权　175

　　第三节　社会结构矛盾的躯体化　179

第十章　结语　185

参考文献　191

索引　219

图表索引　224

后记　225

门槛之外
——城市劳务市场中的底边人群

第一章

导言

第一节 问题的提出与理论观照

发轫于三十多年前的经济改革让中国以积极的姿态卷入全球市场。广袤的农村地区不可避免地置身其中，成为当代中国廉价劳动力的供应之源，"农民工"群体也因此应运而生。每年春节之后，大批农村劳动力蜂拥城市讨生活，这些处处可见的城市异乡的打工人充斥于工厂车间、饭店酒楼、建筑工地等城市空间。而在专门的农民工"劳务市场"内外，来自五湖四海的他们三五成群背着行囊、提着工具徘徊游弋。一些人面前立着一个标明自己手艺和电话号码的小招牌，他们凝望着每一个从身边走过的人，寻找着被聘用的一线希望。夜晚来临，他们蜷缩在公路边或高架桥下凑合过夜。在以往研究农民工的文献中，外出就业往往依照亲缘或地缘的社会关系网络有序地流向城市（黄平，1997；朱力，2002；李培林，2003；李强，2004；郑功成等，2007；于建嵘，2008；蔡禾等，2009），而绝非如我眼前这般场景。

在城市的角落里这一群体的具体生存样貌尚未被细致审视，倘若我们从劳务市场这种特殊的场景来考察农民工群体，或许是一种崭新的尝试。本书此处使用"农民工"一词，虽然体现了这一群体的总体身份，但却掩盖了他们内部的多样性。换言之，这一群体绝不是由同质性的独立个体所构成。如果我们将该群体视为一幅画面的话，那么群体内部的多样性个体就是构成这幅画面的不同元素。展示该群体内部的多样性将有助于我们从不同的角度来理解他们的复杂与矛盾，及其与众不同的内心世界；同时，这样的揭示也有助于我们认识个体的身体是如何被卷入到社会转型的旋涡里，并被日益商业化的社会和市场所锤炼、型塑，甚至淘汰的。实际上，在当代中国人们凭借不同的资源来参与并得益于眼下正不断增长的经济，而农民工们没有权力、资金和社会关系等资源，只得依靠自身的体力作为资源，本书正是紧扣这个"最大"的身体政治的主题来展开研究，试图从社会结构与身体的关系视角关注劳务市场中的"底边社会"❶，揭示他们被权力宰制、被社会抛弃的异样经历。在此基础上，本书还将展现他们为构建自身生存空间而发出的抗争性呐喊。

本书从"身体政治"（body politics）的理论视角来考察当代中国社会结构中的农民工群体。长期以来，社会科学领域对身体的研究表现出浓厚的兴趣。尤其是 20 世纪 80 年代以来，这方面的研究更是持续增加。特纳（Bryan S. Turner）总结了身体研究的几种主要看法（布莱恩·特纳，2000：36-46）：

第一种观点认为，身体是社会实践的一部分。传统的人类学研究常常存在这种倾向。例如，莫斯（Marcel Mauss）认为身体并非是一种与生俱来的娴熟载体，而是蕴藏着潜能。因此，所有"身体技术"都由各自社会构建的，并随时间的推移而逐渐精细化（Mauss，1979）。莫斯的此一观点对戈夫曼（Erving Goffman）的研究有重要影响。戈夫曼在研究日常生活中的脸面观时强调，个体对身体表征的控制可以影响日常生活中的秩序的展现。他认为，身体是人们日常社会实践行为的关键要素，其核心焦点在于社会实践中的身体被塑造与控制，以符合社会期望的彼此互动（戈夫曼，2008：41-47）。

第二种观点是把身体视为一个具有社会意义的象征系统。作为象征人类学经典著作之一的《死亡与右手》是由《一项关于死亡的集体表象的研究》与《右手的优越：一项关于宗教两极性的研究》两篇论文组成。在《右手的优越：一项关于宗教两极性的研究》中，赫尔兹（Hertzs）批判了人们头脑中以往的常识。这种常识总是以为右手优越于左手是由身体机能本身决定的。但赫尔兹经过研究后，

---

❶ 乔健先生在《底边阶级与边缘社会》一书中指出，"底"是指社会地位低下，处于社会底层；"边"指社会的边缘。"底边社会"类似于特纳（Victor Turner）所言的"共态"（communitas）。共态的特征是地位、等级和财产的消失。相对于主流社会的结构而言，它是一种"反结构"（anti-structure）。本书认可这一观点。

强调社会的集体表象对人类的左右手二元对立起着决定性的作用（赫尔兹，2011）。作为法国社会学年鉴学派的重要人物，赫尔兹坚信这种作用源自于原始思维里固有的神圣与凡俗的非此即彼的对立。事实上，在研究仪式、祭祀等的过程中，文化人类学家常常将身体的象征意义进一步发展完善。他们能够准确地意识到身体在诠释传统文化与社会意义中所起的作用。道格拉斯（Mary Douglas）便是其中的佼佼者之一。她将污染（pollution）作为研究的重点，并结合禁忌等问题非常出色地展现了身体的象征意义。她认为身体是社会象征的"自然"承载体，体现着社会构成与解组的符号意义（道格拉斯，2008）。

第三种审视身体的方法是将身体与权力结合起来考察，认为权力关系，尤其是微观权力常常不动声色地借助身体实现权力的意志。这种观念认为个体的生物性已经悄然退去，但身体却成为权力形塑、控制、锤炼的对象，被动地呈出作为社会意义接收器的一面。这时的身体俨然成了被驯服的工具——这也是本研究要重点讨论的话题之一。

那么，何谓"身体政治"呢？洛克（Margaret Lock）在《培育身体》中指出："身体政治是指对个体和集体身体的规划、监管和控制，它存在于生殖和性领域、工作和休闲方面，以及疾病和其他的人类反常状态中，与后结构主义思潮有关"（Lock，1993：133 - 155）。事实上，"身体政治"不同于"肉体政治"（carnal politics），它不仅仅限于肉体的自然层面，还扩展并延伸至社会性身体的领域，而施加在身体上的权力涵盖了政府与法律中的制度性权力，经济生产中的纪律处分权力，消费中的自由选择权以及谈判中的个人权力等。当主体及其行动设法消减强加在身体上的权力时，身体政治便由此显现而运作。是以，身体政治包括了权力渗透与身体反抗的辩证过程，是一个围绕着身体、政治、文化为主题的带有后（另类）现代主义倾向的研究主题。

同时，身体政治也与治理术（governmentality）关系密切。一般而言，治理术的概念是一个涉及治理与思维模式的结合体，它常常被定义为统治的艺术或治理（Lemke，T.，2001）。治理术往往跟民族、国家等宏大权力体系联系在一起，从国家利益的视角来关注管辖疆域内的民众整体。它可以与身体（body）结合在一起，揭示政府对民众身体的行为实践，但不关心被治理者或积极或消极的行为反馈。与治理术不同的是，身体政治关注的重点是身体与社会的关系，其中重点包括了权力与身体的关系，无论是宏观的还是微观的。而且身体政治涵盖了"身体的政治"与"政治的身体"两方面的治理与反治理的辩证统一关系。

在福柯（Michel Foucault）那里，治理术包括"由制度、程序、分析、反思、计算和策略所构成的总体，使得这种特殊然而复杂的权力形式得以实施，这种权力的目标是人口，其主要知识形式是政治经济学，其根本的技术工具是安全配置"（福柯，2010a：91）。因此，治理术通过个体或集体的身体来实现自我的权力意志。与此同时，个体或集体也会做出相应的反应甚至反抗，这两方面的交织才完整彰显了身体政治的独特性质。

从这个意义上讲，福柯的作品被认为是最出色的研究成果之一。他的作品可以被看作是一部斩不断的身体通史。他努力向人们展示身体与施加其上的各种权力之间的关系。福柯将这种关系称之为"生命政治"（bio-politics）。他认为，社会微观权力潜移默化地渗透至身体的每一个毛细血管，使身体全面笼罩在一个权力干预和知识教化的区域内。从酷刑、惩罚到规训，再到监狱，权力话语的目标随着现代性的发展从"有形的身"向"无形的灵"逐渐发生转换，规训身体的手段也不再赤裸裸地通过暴力实现，而借由全景敞视的监控与欲望的激励来完成。

当然，性的话题也是身体政治的重要组成部分。福柯的《性经验史》说明了人类的性在反对性欲机制的过程中呈现了多样化的技能，以抵抗权力对性的压制。毋庸讳言，福柯对身体的关怀超越了一般的意义范畴。在对现代治理术的解读上，福柯从具体的个体的身体转向抽象的"人口"，侧重分析国家与人口的关系。通过这些研究，福柯想表明，权力已经渗透至人类社会更广阔的领域——权力不但对人们的日常活动进行管理与控制，而且还对人口的生老病死给予规划与调控。

由此可见，福柯的研究具有非一般的解释力和丰富的启示意义。不但如此，他还有意构建一个研究"身体政治"的独立的分析框架，试图将有关权力与身体的一切研究统合于麾下。这些论述多少引发了学术界对身体政治的有关讨论，扼要归纳如下。

1. 历史—文化中的身体政治。国家或民族的文化传统对身在其中的人们具有渗透与内化力量，人们的身体也因此而承载着一定的社会意义与思想内涵。黄俊杰（2004）将人的身体作为政治权力的隐喻（metaphor），并以此来论述国家等政治组织及其运行过程。他指出，中国古代"身体政治论"的特点是具体的而非抽象的。这种观念将身体推及的国家视为一个聚合性的有机体，并借助身体的隐喻来揭示国家的组织与运作。由此，他认为中国古代的政治思想家们把政治过程看作一个人的身体由内而外的运行机制，并在这个运行过程中灌输了丰富的思想内涵与社会价值。因此，中国古代的政治过程可看作是个体修身齐家的过程。

在讨论近代中国的身体观时，黄金麟（2001）将身体置于历史结构与国家欲望的重叠中。他主要围绕三个基本问题：身体的历史变化、历史特性与危险性，以及普适的身体模式是否存在。因此，著者通过对身体的国家化、法权化、时空化来解读身体在近代中国发生的变化。在身体的国家化中，黄金麟列举了军国民、新民、新文化运动对国民身体的影响。身体的法权化经由传统的伦理律法转变成西方的权利法律，突出了法系的改弦更张对身体塑造建构的作用。身体的时间化是指，在西方钟点的精确时间逐渐取代传统时辰的过程中，人们的身体如何被进一步地控制与改造。而身体的空间化，是以清末民初各种学生运动的空间为场域，考察空间与身体建构之间的互动关系。

上述两位的研究从宏观的视野讨论身体，让我们清晰地看到国家是如何操控身体、利用身体，以实现其政治意图的过程。令人遗憾的是，如此宏大的叙事难免无法体现出权力操控身体的精细一面，亦即权力无孔不入的特性没有得到彰显。后来的研究者已经注意到这些缺憾。因此，他们的研究往往从微观的角度对施加在身体上的权力进行不遗余力的挖掘。

2. 生育—医疗中的身体政治。人类的性爱、生育的本能与生俱来。进入文明社会之后，以生育权名义亮相的本能获得了法律的确认与保护。但在一些国家，人们的生育活动却受到了权力干涉，赤裸地暴露在权力的控制之下。起源于 20 世纪 80 年代的控制人口增长的公开信❶，逐步实施一对夫妇只生育一个孩子的"一胎化"政策，其目的是尽快实现国家的现代化。

格林翰（Susan Greenhalgh）认为，建立在科学名义上的"人口科学"是帮助政府解决人口问题的合法话语，如果能够长期坚持实现一胎化政策，那么国家将能快速实现四个现代化的宏大目标。之所以这样做是因为 20 世纪 70 年代出现了一种奇怪的论调，通过测算人均指标并将之与美日等发达国家做对比，最终得出国家落后归咎为人口过多的结论。因此，权力精英认为人口急剧增长是国家落后的关键因素。在他们眼里，国家的经济实力、国际地位都与之有密切关系，因此加强对人口数量的控制是实现新世纪经济目标（人均收入达到 800 美元至 1000 美元）的关键。因此，权力精英认为，只有阻止人口数量的快速增长，国家才能实现财富的快速积累、国家权力得到牢牢掌控、本国的国际地位也随之得以提高。最后格林

---

❶ "中共中央关于控制我国人口增长问题致全体共产党员共青团员的公开信"，载新华网，http：//news. xinhuanet. com/ziliao/2005-02/04/content_2547034. htm。

翰指出，这些观点完全是对西方理论的误读，而且一旦将人口数量视作国家发展的累赘时，那么解决的方式可能是剧烈的，对身体的控制也必然是残酷的（Greenhalgh，2003）。

在《中国人口治理》中，Susan Greenhalgh 和 Edwin A. Winckler 又细致地考察了从列宁主义到新自由主义整个过程中的人口政策。在作者看来，治理术包括两个方面：一种是"生命政治"，这是一种管理生命的政治。其意图是关注人口的健康、福利、安全和财产的最大化；另一种是超越了旧式的主权国家权力，是三种力量结合而成的统治形式。这三种力量包括传统意义上的政府机构、中间规训机构的治理以及个体的自我治理。作者认为，中国的治理术主要体现为从毛泽东时代的政治动员与斯大林主义的官僚做法（bureaucratic approaches）到邓小平时代的改革，逐渐达到顶峰并向新自由主义的方向前进（Greenhalgh and Winckler，2005）。

在格林翰等人看来，在新自由主义影响下，国家有意识地逐渐抛弃直接监管干涉的粗暴方式，而青睐借由市场、法律体系以及社区、家庭、个人的自我管理。第一，政府逐渐落实了一些带有新自由主义特征的具体措施，这些做法被称作"综合治理"——从国家直接对人口的控制到通过出台法律政策进行间接管理。第二，生育委员会更名为人口与计划生育委员会。这一变化涉及改善生殖健康服务等项目，扩大了人口管理的范围，从而加大了提高人口质量的力度。第三，各种机构包括国家的其他各个部门，海外发展机构和资助机构等做了必要调整。通过提供服务和咨询，这些改革和努力起到了重要作用。然而，市场主导的生命管理政策并没有被很好地发挥出来，因为从 20 世纪 90 年代后，有能力的人们能够轻松地从人口规划中搞到生育指标。因此，格林翰等人认为，20 世纪 80 年代和 90 年代初的大规模社会实验是一个巨大的悲剧。因为中国人口规划加剧了社会的不平等：贫困家庭因为被征缴社会抚养费而导致分配不均，而富裕之家却享受着市场改革带来的好处。因此新自主义不是在缓解矛盾，而是加剧了整个社会的不平等。

　　而且，在妇女节育方面，处在社会最底层的人们遭受到了管制，而社会上层的人群却在享受着"自由主义"。❶ 如果说对人类生育的控制充分体现了福柯的生命政治，那么这种对生命的管制将身体与治理结合起来。毋庸讳言，一胎化政策就是遵循这样的思路，对生育一胎的夫妇给予积极鼓励，而对二胎却毫不留情地进行非人道处理。由此可见，国家权力一旦与性、身体联系起来，便表现出强有力的治理力量。

　　无论是压制还是激励，人们经历相同的身体政治，或积极或消极地以特殊的方式安排自己的生活，感受不同的身体经验。然而对于有些社会现象，这种身体政治的解释却勉为其难。我们或许要引入"政治的身体"才能更好地加以理解。例如，邵京指出，在身体的政治里，行动的主体是统治者，客体是被统治者，治者主动施政于受治者的身体，因而身体的政治是一种治理术。与此相反，政治的身体首先是被政治化了的身体，而且是受治者主动施行的政治过程。作为主体的受治者对抗的是统治者，是强加在其身上的权力（邵京，2009）。

　　以一个乙肝的网络论坛为调查的切入点，著者对身染乙肝的网络群体进行人类学研究。通常，乙肝病毒携带者在入学、入职等方面往往遭受到歧视甚至排斥。然而，这一群体借助相对开放的网络平台，构筑起他们自己的政治动员的社会空间。他们的身体也就自然构成了政治化了的身体。由此，该群体逐渐向特殊利益群体过渡，并提出他们的社会诉求。可见，乙肝维权者们被动地形成了一个群体，但这并非是一个无助的群体。政治化了的身体使他们成为了一个左冲右突、不断征战的能动群体。不过，这一抗争的过程显得特别漫长且又无比艰辛。

---

　　❶ 类似这些生育治理方面的讨论还有 *China's Longest Campaign*（Tyrene White，2006），*Birth Control in China*，1949–2000（Thomas Scharping，2003）。

个体身体疾病如此，那么当高传染性的 SARS 来临之时，国家、社会、民众又作怎样的应对？身体政治又发挥怎样的威力呢？以 SARS 危机为例，汪民安将身体拉到危机社会的前台。他认为人们的利益、身份、地位以及意识形态在危机中被摧残得体无完肤，人们历史性地撕下表演的面具，撤退到本源的身体层面。而医学的知识话语成为了至高无上的科学权力，在它的指导下城市被划分成若干小块，家庭被隔离成封闭的空间。从表面上看，处理危机的手段与福柯意义上的大禁闭有相似之处，然而汪民安却不这样认为。SARS 危机期间的隔离是一种纯粹的身体禁闭，是一种具有社会责任的牺牲行为、一种增进公共利益的公益行为。被隔离的人们在灵魂上毫无改造与忏悔之意，反倒觉得这是为了大众的利益而做出的自我牺牲。毫无疑问，SARS 危机时期的个体身体被权力的眼睛监管得密不透风，尤其是那些感染者身体更是如此。这种得到了大众支持的权力轻松地转化成一双双犀利的眼睛到处搜索和抢救异常的身体，而非将它们残忍地消灭。因此这是一次积极的权力干预，权力的对象并不是权力的敌人而是服务的对象。此时，权力运作的目标是将身体揽入安全的地界保护他们（汪民安，2006：86-95）。❶

3. 生产—工作场景中的身体政治。一个社会的经济发展离不开生产，生产自然也离不开劳动者的辛勤劳作。为了保证生产的顺利进行，雇主往往对雇员们的身体提出严格的要求，生产中的纪律用"温和—生产—利润"（福柯，2007：245）的原则来保证生产的顺利进行。伴随着身体在生产领域的大量集聚，时间表、操作培训、检查、监视等治理技巧被工厂车间大量使用。在这种情形下，权力的压制手段在不断翻新变化，而雇员的身体也被无情地捆绑在忙碌

---

❶ 关于医疗的身体政治研究，我们还可以阅览《药物治疗与身体经验：精神疾病患者的自我建构》（林淑蓉，2005），《身体、主体与疾病经验——医疗人类学的探索》（李舒中等，2011），《边疆，道德，治理：以感染性疾病的控制为例》（邵京，2011），《身体的社会形塑与性别象征》（郑丹丹，2007）等研究著述。

的生产空间里，为经济的发展提供着优质服务。

近年来，不断发展的服务业对从业人员提出了越来越高的要求，为此霍克希德（*Hochschild, A.*）曾提出"情绪劳动"（emotional labor）的观点，揭示了资本的力量通过制造微笑来达到情感管理的目标（*Hochschild, A.*, 1983）。服务行业除了需要雇员付出体力和脑力之外，还需要他们将自己的情绪投入到生产销售过程。蓝佩嘉就是沿着这样的思路对身体劳动进行了深入的研究（蓝佩嘉，1998）。她认为，资本不仅对体力劳动提出要求，而且还严格控制身体转换成劳动的不确定性，以防止不必要的成本上升。如此一来，现代资本的运作已经超越了马克思所言的资本只是单方面地对身体进行压榨、剥削的资本主义内在逻辑。基于这样的看法，她将女销售员与顾客互动的情绪劳动作为考察重点。她强调，情绪劳动比制造产业内的体力劳动所受到的规训更加显著。她把对女销售员的剥削的身体、规训的身体、镜像的身体、沟通的身体等多元身体劳动予以一一呈现。在此基础上，蓝佩嘉最终揭示出百货店化妆品专柜的身体控制与规训机制。这种规训与控制形塑了女销售员性别意识与阶级认同，并挖掘出男权主义的意识形态及其配套话语在固化不平等的两性关系中所起的作用。

由此可见，情绪劳动将人类劳动分离成体力劳动、脑力劳动和情感劳动，有力地揭示了金钱资本渗透至化妆品女销售员身体的嗜血本性。同样是研究女性劳工的潘毅，将国家、市场、父权等因素结合起来，立体式地审视三重大山之下的女性打工者的生存与抗争的事实。通过在深圳一家港资企业的田野调查，潘毅全景式地描述并分析了打工妹这个新型打工阶级的形成与解构。她认为在跨国资本进入社会主义中国的特殊阶段，作为从农村到城市的女性打工妹是一种新的社会身份认同。这种认同符合了国家转型、社会变革以及嗜血资本的需要。借助年轻女工身体的痛楚，尤其是女工的尖叫和梦魇，著者揭示了打工妹是如何被市场力量、现行体制和父权文化所蹂躏的。夜晚的尖叫与梦魇看似是个别女工个体化的行为，但却是整个女性打工群体都无法逾越的悲惨遭遇。这一社会事实也表明了她们对现实处境的强烈不满和无言抗争（潘毅，2005、2007）。如此富有社会学想象力的展现让国家的力量、资本的嗜血本性暴露无遗。与此同时，压在新三座大山之下的女性身体又显得那么无奈与悲凉。

不过，潘毅并没有将打工妹摆在一味逆来顺受，屈服于国家、资本、父权这三重大山的位置上，而是进一步展现女性在异化劳动和农村生活的夹缝中抗争的微观政治。著者吸收了德勒兹和瓜塔里的观点，将打工妹可能的抗争方式概念化为"抗争的次文体"。她指出打工妹群体预示了一种新型的社会抗争主体的诞生，以及一场"沉默的社会革命"的降临。

通过打工妹对城市居民的衣着、体态、举止的刻意模仿与调整，朱虹向我们展示了打工妹从进入城市的那一天起，就开始了自身城市社会化的努力（朱虹，2003、2008）。同时在工业标准化的规训和消费世俗化的诱惑下，打工妹逐渐积累城市社会知识和文化符号，找寻城市人的行为逻辑，建构自己"不求是个城市人，但求似个城市人"的生活逻辑，以适应与融入现代城市。与此同时，为了招徕更多的食客，城市餐馆对她们身体的规训也是其努力改变自身形象的压力所在。不管是积极地寻求模仿还是被动地无奈调整，这些打工妹们的身体塑造都为其自身积累了身体资本，一定程度上消弭了城市与农村社会差异的身体区隔的价值判断，以弥合等级化了的城市人与乡下人之间的身体图式。

同样是研究社会底层的秦洁，从身体经验的视角对重庆的搬运工群体"棒棒儿"的生计做了一番人类学考察。她描述了"棒棒儿"在搬运物资时获得的各种身体技术，这些技术既是某些农村生产特点的遗留痕迹，又有在都市中人力搬运的新烙印。而"下力"虽然表现为搬运的身体动作，但也传递着身体感知与经验。在此基础上，作者围绕"下力"的身体感知及其身份意识的社会建构成分，探讨"经验之身"与社会观念文化因素的互构对其特殊身份地位形塑的影响，并揭示出他们的身份意识是痛楚经验的产物，也是城乡二元对立的结果（秦洁，2010）。因此，无论是生存的工具还是经受疼痛的物质性存在，"棒棒儿"的身体都可以视为身份区隔的社会意义之载体。❶

通过以上的归纳，我们发现这些研究存在一些共同点：

1. 他们都反对将身体当作一个纯粹的肉身看待，并强调身体是社会力量的产物，这属于典型的社会建构论的身体观。这种观念认为，"人的身体特性被视为由政治、规范和话语等方面的规制生产与调控的客体对象"（希林，2011：20）。这些研究著述或多或少受到了道格拉斯、福柯以及戈夫曼等人研究的影响。他们的研究领域或写作风格虽然各不相同，有的甚至风马牛不相及，但都竭力主张身体承载着社会意义。这些意义是由个体所无法驾驭的社会结构与社会文化所决定的。由此可见，身体政治中的身体是社会力量施加于其上的肉身载体，身体仅仅是一个消极的承受者和被控制者，同时也是社会结构关系的隐喻与表达。

2. 虽然说身体在日常生活中影影绰绰、难以把握，但不可否认的是无论是抽象的身体还是具体的肉身，身体政治常常无处不在，形影相随，也就是说社会结构的力量绝不放弃任何施加力量的机会和可能。虚化的身体、实在的身体并不是如此重要，重要的是表明了权力漫布在超越时空的社会背景当中，它往往不见首尾却又无处不在，不动声色却又雷霆万钧。

3. 纵然以上研究的关注重点不同，但大部分论著都不约而同地将生物性身体作为研究客体，考察权力与肉身之间的复杂关系。这样的身体政治仅仅囿于权力与肉身的勾连之中，毫无疑问，它的诠

---

❶ 相关的研究还有《苦痛的身体：一位青年女性打工者的疾病叙事》（何潇、何雪松，2011）。

释效果受到了限制。基于这样的思考前提，这些著述往往忽略了对阶序性身体的刻画与分析。阶序性身体，扼要地讲，就是一个社会中处于不同社会等级的人们的身体也被分为三六九等。在《阶序人》（Homo Hierarchicus）中，杜蒙（Louis Dumont）指出身体是特定社会中承载社会文化的象征体系，并且与社会等级分类机制关系密切。"阶序"（hierarchy）一词意为，整体的各个要素遵循其与整体的关系来排列等级而使用的一个规则。在阶序原则下，印度社会中的等级规定着人们的日常交往，婚姻、食物、身体触碰都受之规制（杜蒙，1992）。社会结构的区隔构成了种姓制度的基础，区隔的身体又隐喻了等级结构的社会分类。因此，阶序理论为我们分享了分析社会现象的思路和洞见。

4. 在分析劳动生产中的身体政治时，绝大多数文献都离不开女性的身影，这也许得益于 20 世纪 60 年代以来女性主义的发展。这些文献一方面将身体作为男权、父权压迫的分析对象，另一方面又将身体视为资本用于政治运动与抗争。例如，以权力、性和身体政治为研究主题的亨利（Nancy M. Henley）认为，对于大规模社会控制和小范围的人际管制而言，非言语的身体行为是其最主要的手段。她指出人们日常生活互动的细微方面实质上都是微观政治的表达。而这些表达均用来维护现状，并构成某些重要却被忽视的社会控制的手段（Henley，1977）。相关的研究还有 Rich, A. 对强迫性异性恋的分析（Rich，A.，1980）以及 Walby, S. 对男权制模式的讨论（Walby，S.，1989），等等。从某种意义上说，这些人的研究拓宽了身体政治的研究领域，启发了后续以女性为分析对象的学术研究。

正如前文所述，身体政治是一个涉及实践和策略的概念——社会中的各种权力借此规训人类身体，同时个体及其身体对社会控制做出反抗。社会微观权力潜移默化地渗透至身体的每一个毛细血管，使身体全面笼罩在一个权力干预和知识教化的区域内。从《规训与惩罚》到《性经验史》，福柯将治者虚化了，而将受治者漫化了。

他的研究对象完成了从有形的身到无形的灵的转变（邵京，2009）。对此，谢里登（Alan Sheridan）指出，愚笨的暴君用链条锁住奴隶，政治家利用思想观念禁锢他们，而智慧的贤君的统治是建立在大脑的神经纤维上（谢里登，1997：16）。事实上，福柯发现，肉体被心灵替代，死亡的暴露展示让位于对活着的人的安排，性的压抑变成了可以言说的对象，原子化个体的身体控制转向面对全体社会成员的人口管理。"这样就有了两个系列：肉体系列—人体—惩戒—机关和人口系列—生物学过程—调节机制—国家"（福柯，2010）。

是以，本书认为，生命政治是细微化的，是要把政治的暴力作用于个体，让个体通过身体去内化并展演权力的力量。这个过程可以看作是一个权力"躯体化"（凯博文，2008）的过程，导致的最终结果是个体逐渐适应了施加在其身上的种种权力，并具备某种再生产的能力。事实上，身体作为一个社会结构的实践文本的过程，作为一个能动性的抗争主体应当加以重点关注。身体和政治的关系，亦即身体的政治和政治的身体的关系：身体的政治体现为权力的治理实践或艺术，而政治的身体是被政治化了的身体主动施行的政治化过程。作为主体的受治者对抗的是统治者以及强加在其身上的权力（邵京，2009）。倘若从身体的政治分析制度、权力，再从政治的身体检视被压制人们的抗争，那么我们或许会突破以往单向度的分析维度。

其次，目前学术研究中的身体观大都焦距于生物性、物质性的个人身体，聚焦于血肉之躯、本能的性和人口的生育率与死亡率。本书的关注点在于将身体视为一个鲜活肉身渐趋消散的身体，也是一种表达社会等级分类的身体。本研究借用杜蒙的阶序理论来展开讨论。与生命政治不同，阶序强调的是个体在社会结构中彼此的关系秩序。按照杜蒙的理解，阶序是一种不同等级之间排列的规则，是一种知性意义上的体系（杜蒙，1992：92）。本书将结合劳务市场中农民工的情况，指出作为工厂中产业工人的农民工或许属于阶序的最底层，劳务市场的等待就业的农民工更是如此，处于特纳（Victor Turner）所言的"共态"（communitas）。

因此，本书将农民工视作处于人类学理论"通过仪式"的一个特殊群体。人类学家范杰内普（A. van Gennep）在《通过仪式》中强调，群体之间的转换或从一个社会情境过渡到另一个社会状态可以视作一种具有生存意义的仪式。而特纳（Victor Turner）又对仪式理论进行了拓展。他认为仪式的阈限阶段具备超结构（extrastructural）的社会属性，并称之为"共态"（communitas）。❶ 在这种状态下，社会的结构性力量减弱或消失，所有的参加者彼此间差别消失，变成地位平等的一员。一旦仪式结束，参加者进入了人生的下一个阶段，并重返各自的生活领域中承担相应的责任和义务。可见，仪式具有鲜明的"过渡性"（transitional）特征。这种过渡性特征在农民工的身上同样明显。他们迄今为止仍处在过渡期，好似卡在"门槛"上一般，这也是本书题目的意义所在。

第三、本研究还将涉及布迪厄的文化资本的相关理论，以精神和身体的持久"性情"的形式表达出来。他将身体看作一种资本，并承认身体资本是文化资本的一部分，并且文化资本常常通过身体特性加以展示，也就是说，身体体现的是个体短期或长期积累下来的社会地位、惯习、技艺、能力与格调品位等印迹。不但如此，身体资本还具有再生产的特性，一个人拥有身体资本越多，他就会更便捷地积累新的身体资本：一方面，农民工进城就业呈现出来的具体状态决定了其无法摆脱乡村的印迹。另一方面，身体是农民工进城务工的唯一资本，也是吸引城市用人单位青睐的最大亮点，同时身体也可以成为他们进行抗争的资本。

---

❶ 本书使用邵京先生的翻译，将 communitas 翻译为"共态"。有些书上则翻译成"交融"，详见黄剑波、柳博赟翻译的《仪式过程：结构与反结构》，中国人民大学出版社2006年版。

第二节　"农民工"的由来与演化

自 20 世纪 80 年代末迄今，农民工的话题一直备受学术界关注。从学界提出"农民工"的概念开始，大量研究集中在对农民工概念的界定、民工潮形成的原因、趋势等方面。很多研究针对农民工进城的动因、流动途径、城市生存状态、经济收入、居住条件、社会心理状态，以及对劳动力市场、城市管理教育等进行了全景式的探讨（宋林飞，1995；张雨林，1984；黄平，1997；朱力，2002；周大鸣，2004）。而且研究的视角逐渐从局外转向农民工的内部，探讨进城后的农民工城市适应与自我认同等问题。这类研究认为，农民工的城市化过程是他们自身蜕变、认同城市生活方式、适应城市规则的必然过程（江立华，2003；朱力，2002；吴振华，2005；朱虹，2004）。

由于农民工长期在城市工作、生活，农民工的阶层特性、社会地位等问题逐渐凸显。一些研究认为农民工的非农化工作有悖于他们的社会身份。这样的结果导致他们的经济地位和社会地位均处于社会的底层，成为边缘、沉默的阶层（王春光，2003；朱力，2003；李培林、李炜，2007；李培林，2003；李强，2004）。值得关注的是，一些研究从性别视角出发，对女性农民工的生存样态予以揭示。这类研究将她们置于全球化的视野中进行讨论，探索了打工妹群体在遭受到结构性压迫和剥夺的基础上努力建构自身的主体性，以抗争国家权力、资本与传统的男权主义（潘毅，2005、2007；杰华，2006；李娟，2011；何明洁，2009；佟新，2003；朱虹，2008；张晓红，2007；Lee, Ching Kwan，1998；Arianne M. Gaetano & Tamara Jacka，2004）。

另外，随着新生代农民工逐渐成为劳动力主体，他们的生活经历、身份认同、教育水平等方面相较于第一代农民工存在很大的不同，强烈的市民化愿望与现行政策体制存在巨大的张力，学界对此也予以了充分的研究（王春光，2010；张春龙，2011；杨昕，2008；许传新，2007；王春光，2001；汪国华，2009；李伟东，2009；刘传江，2010；于建嵘，2008）。值得关注的是，有些研究开始从生存论模式向公民权模式转变，这样的转变给学术界带来了崭新的研究启发。这些研究力图从国家、市场与农民工三者间的关系来探讨农民工的政治身份、公民权利等话题（苏黛瑞，2009；陈映芳，2005；王小章，2009；甘满堂，2001；李强，2004；胡杰成，2007）。

由此可见，大多数研究都倾向于运用社会流动、社会结构、社会分层、城市适应、公民权等概念框架进行分析。这在一定程度上掩盖了该群体内部成员的感受与态度。纵然上述某些研究涉及了他们的体验与感受，但也只限定在工厂中的产业工人的情形，这在一定程度上遮蔽并代替了对整个农民工群体的理解与思考。因此，本书将以劳务市场中的底层边缘的农民工为出发点，尝试从主体与社会结构之间的张力去理解当代中国农民工的身心体验，来记录社会的转型和时代的变迁。

要理解农民工，我们首先得知道农民工一词的由来与含义。在学术界，许多学者对这一概念做出了定义。本书在此不一一列举，而直接引用学者王春光的定义，他指出，"一是职业，农民工从事的是非农职业，或者以非农工作为主要职业，也就是说，他们的绝大部分劳动时间花在非农活动上，他们的主要收入也来自非农活动。二是制度身份，尽管他们是非农从业者，但他们的户口身份还是农民，与具有非农户口身份的人有着明显的身份差别。三是劳动关系，也就是说，农民工属于被雇佣者，雇佣他们的，可以是个体户、私营企业主或外企老板，也可以是国有单位或集体单位，其他拥有农业户口身份、从事非农活动、但不被他人雇用的人不属于农民工，而应是个体工商户、私营企业主等。四是地域，即他们来自农村，是农村人口。总之，农民工指拥有农业户口、被人雇用去从事非农活动的农村人口"（王春光，2004：307－308）。

"农民工"一词恰当地表达了这一群体所处的过渡状态，这本身就是国家治理术的一部分，包含着国家精英"既要马儿不吃草，又要马儿跑得快"的投机心态：1. 农民工一词从诞生之日起就包含着舆论防御的成分与种种可能性。当经济形势高歌猛进时，农民工为国家的 GDP 提供着廉价的劳动力资源；而遇到经济震荡、金融海啸等不利局面时，农民工便被打发回老家。进，可让人口红利促进国民经济发展；退，政府也没有因所谓的失业率而承担来自社会各方的压力和责任。2. 针对农民工的系列政策在落实过程中一直处于犹豫不决之中。诸如就业培训、社会保险、工资发放、子女就学、返乡创业等政策仍然没有真正落实到位。我们仍然可以看到共和国的总理掉着眼泪为农民工们讨薪水，仍然看到某些城市的民工子弟学校遭到了强拆和搬迁。

农民工群体既非农民又非工人，但既是农民又是工人；既不在城里又不在乡下，却既在城里又在乡下。借用"仪式"理论中的"阈限"（liminality）来审视农民工群体，我们可以把进城农民工从一个社会情境过渡到另一个状态视为处于生存意义的过渡仪式之中。由于种种因素的制约，"过渡性"成了农民工群体样态的显著特征。他们始终没法合法地隶属于某一城市，成为名副其实的当地人口，常常被城市居民视为飘忽不定的区隔群体而加以排斥。

不可否认，群体区隔是现行的社会体制使然。国家在 1958 年强化的户口制度对人的身份进行了分类，随之而来的是不平等的资源和利益分配。对 1949 年以降的中国而言，欲图快速现代化，实现"超英赶美"，模仿前苏联重工业为导向的发展战略是其重要方略。实现这一宏伟目标需要的是大量的资源保障，而从国外征用与调配资源的条件和机会已经随着其他民族国家的纷纷独立而丧失，唯一的途径便是从自己国家的自力更生中取得。强化了的户口制度令民众附着在固定的地缘中，按照计划生产出国家需要的物资，这无疑是国家动用户口制度的主要意图，至于控制人口流动却是次要的。

随着改革的深入，城乡差距的进一步拉大，越来越多的农民冲破城乡阻隔，奔赴城市打工赚钱。为了城市的有序管理，户籍制度作为控制人口流动的一面才真正暴露无遗。户口制度包括户口所在地和户口类别，户口所在地决定着户口类别的差异，而后者规定着一个人能否有资格获得国家配给的各种利益、特权和发展机会（Kam, Wing Chan and Li Zhang, 1999：831-840）。户口制度将整个社会划分为两个城堡，赋予了一个群体相对另一个群体的天生优越性。在由"劣"转"优"的群体融合中，户口制度制造了身份、分工、权益等各种社会的、经济的沟壑。农民工难以凭借自身的力量加以克服、逾越，由此产生了各种社会问题。

户口制度生产并再生产着社会区隔与不平等，造就的文化观念上的等级区隔不容小觑，换句话说，它引起的社会二元分类已经在心理层面造就了城镇居民优越于农村村民的等级心态。事实上，在当代中国，政治、经济、文化的中心均集聚在城市。身在城市的政策的制定者往往都是既得利益者，他们以局外人身份对农业、农村、农民问题进行考量，制定出的政策也常常是出于城市发展的考量。城市已然形成了一个特殊的利益领地，当政者可以对农村、农民恣意妄为，甚至于将有关农民工的研究冠以之农民工"问题"。本质上，这样的分类及其导致的文化意义完全是城市与城市居民以居高临下的姿态对待农村和农民。可以说，决定城乡分类分割的知识客体在很大程度上取决于特定的情感态度，而非理智。农民工的境遇发展至目前的状态或许也是现代性在中国发展的必然结果。相比较城市居民的优越感，农村人往往多出了一份自卑，他们有意无意地仿照城市的话语体系加以自责，感到自己落后、素质低、不讲卫生、不守规矩。

毋庸讳言，户口制度就是一个独特的现代政治的治理模式，它将价值原则纳入治理艺术中。户口类别的差异直接形塑着所谓的

"素质"的高低，而素质的高低决定着价值的高低。城乡之间的个体差异规定着人们的日常交往。人们的工作、婚姻、医疗、居住、子女就学等方面都会受之约束。城乡二元构成了社会结构区隔的基础。基于此，我们认为，农民工是一群由原先参与农村大集体劳动，在经济改革之后被设计为国家财富积累的廉价劳动力。有研究表明，农民工群体的平均收入在整个非农领域中是最低的（谢桂华，2012；段成荣、孙磊，2011；李骏、顾燕峰，2011；章元、王昊，2011）。由此可见，在国家区别对待城乡的治理术之下，他们只能拾捡一些城市居民不愿意做的脏、险、累、苦的活计。

第三节　全球化与农民工

肇始于1978年的改革开放将中国带进了全球化的进程，古老的国家开始以积极主动的姿态拥抱世界。传统的和社会主义的做法从民众的私人生活中逐渐退出，个体的选择和流动的自由增加。对于很多农民而言，他们怀揣着不确定的梦想与欲望，诚惶诚恐地闯入城市寻找活计。事实上，城市的工作并非如他们想象的那么轻松，城市的生活也绝非他们憧憬的那样美好，但是他们仍旧义无反顾地在地缘关系网络的支持下，奔赴城市寻找自己的出路。关于这一点，学者苏黛瑞（2009）的研究已经让更多的读者看到了新自由主义的市场、农民工以及消退中的国家计划体制之间复杂的动态关系，她还揭示了中国农民工如何在不利的条件下生存和发展，并获取公民权的艰辛。

在跨国资本进入社会主义中国的特殊阶段，广大农民在城乡差距的夹缝中冒出之后，又跟跟跄跄地被裹挟进了大工地、大工厂，或积极或勉强地投入到国家转型、社会变革以及市场资本的增值中（朱力，2002a）。在一些学者的研究中，我们已经看到了农民工如何被市场力量、现行体制，甚至是父权文化所蹂躏的（Ching Kwan

Lee，1998；潘毅，2005、2007）。同样，在劳务市场上，农民工样貌和状态也说明了在全球化与现代化过程中边缘的社会缩影。

起初人们对全球化的理解只是围绕着西方国家文化霸权的增加、美国价值观、消费品和生活方式的全球扩散。而今天，全球化基本上在社会学、人类学、政治学、经济学等领域被广泛讨论，形成了世界范围内的文化、消费、生活方式和族群领域的多面多层理解。有学者一针见血地指出，世界的压缩和世界一体化意识的强化称之为全球化，换句话说，全球化即全球相互依赖的增加及其意识的增强（弗里德曼，2004：294）。

对于中国和中国人而言，全球化就是主动放弃阶级斗争，打开国门迎接资本主义的市场经济体制，并参与到世界事务和国际分工中去。事实上，近邻的发展，包括日本、韩国、新加坡、香港、台湾等国家和地区经济的高速增长及其成功经验，让国家精英做出抉择——让新兴的新自由主义以史无前例的步伐进入国家和社会，深入每个个体的生活当中。这种作为一种政治经济实践理论的"新自由主义"被界定为：通过市场逻辑来释放个体企业的自由和技能，最大限度地促进人的福祉（哈维，2010）。世界各国纷纷或主动或迫于外方压力接受了这一理念。随之而来的私有化、经济松绑随处可见，国家权力也从社会配给和私人生活中退却出来。

在中国，发展是硬道理成为了努力实现现代化的响亮口号，而发展就要与国际接轨，就意味着参与国际分工。拥有巨大人力资源市场的中国，在三来一补、招商引资政策鼓励下，短时间内一跃而成为了世界加工工厂，商品上 MADE IN CHINA 的标签应该是最好的脚注。这些情形与中国人口红利息息相关，特别是与农民工的贡献分不开。由于联产承包责任制解决了人们的温饱问题，有限的土地上富余劳动力越来越多。一部分不满现状的农民背起行囊，离开家园，走向城市，成为世界生产线上的一个螺丝钉，以实际行动参与到全球化的潮流当中。然而，新自由主义也带来了创造性毁灭，不仅破坏了以往的制度框架、挑战了传统国家的主权形态，而且摧毁了思考方式、社会关系和劳动分工，试图把一切人类行为都纳入市场领域（哈维，2010：3）。

市场并非慈善，它的眼睛是挑剔的，本性是逐利的。在世界工厂里打工的农民工群体是被规训、控制、利用的优质人力资源，为国家、社会、市场创造财富。然而，被工厂资本挑剩下的农民工们到底是怎样的一种命运呢？本书将聚焦于这群农民工。他们是在劳务市场上处于长期待业状态的农民工，而非在工厂中就业的产业工人的农民工，这是一个被国家抛弃、社会放弃的农民工群体。在大部分时间里，他们在劳务市场内外闲聊、溜达，甚至打架斗殴。通过长期的田野工作，本书对他们的日常实践进行研究，以此揭示底层、边缘的农民工（包括女性）是如何受到权力的管理、控制、利用甚至淘汰的。与此同时，本书还展示了受到权力宰制的农民工如何将社会结构躯体化，以及利用身体资本达到抗争目的的过程。

本书将这个群体遭遇到的社会苦楚放到更大层次的政治经济中去分析，考察政治经济发展转型是如何影响或形塑他们的命运。本书将从国家、社会与个人的层面去关注在政治经济急剧变迁之中的劳务市场上的农民工的生存状态及其未来，借此展现在追求现代化的征途中的混乱与危机。本书一方面由下而上地考察农民工、劳务市场、地方治理等，来展示这群农民工如何应对政治经济转型与地方文化的变迁；同时，从上而下地考察国家政策、制度等对这群农民工的影响及其后果。希望这个双向的视角能对这群农民工的全貌有所了解，并让我们看到在现代化的进程中个人的命运如何起伏、变幻，在底层边缘的个体又是如何去应对这些影响及其后果的，以此揭示国家采取的发展理念治理地方所带来的问题。

本书认为，国家启动的经济改革给社会和个人带来了深远影响，同时在经济、社会。文化急剧变迁中，个人的应对也对国家与社会产生了反弹效应。在经济发展的这三十多年里，不同的人通过不同的资源参与到市场经济中，所获得的利益也各不相同。最大利益获得者是借由权力、技术、社会关系、资金等参与到社会经济活动当中。而农民工们却没有这样的资源，只能通过身体体力来换取经济发展的利益。本书正是遵循这个最大的身体政治的主题来展开研究。正如下文所叙述的，劳务市场上农民工的遭遇和行为，固然有其自身的问题与不足，但我们更应该关注城乡间的不平等发展，关注农民工、特别是底层边缘农民工的社会政策，换句话说，劳务市场的混乱和农民工遭遇的根源不能简单地归因于其自身，事实上它只是反映了更深层次的社会结构矛盾所暴露出的社会现象。

第四节　本书的章节概要

本书的结构安排如下：第一章提出本研究的中心问题，即在急剧社会变迁之中他们因何而来？怎样沦落蜕变？在劳务市场里如何生存，如何抗争的？该部分对相关的文献做了一定的梳理，并提出了本书的理论框架。

第二章详细叙述了劳务市场的概貌与其中的农民工群体，突出了该田野点的独特性。在此基础上，本研究呈现了笔者在田野研究工作中的种种经历和研究过程。同时，本章还探讨了处在全球化背景之下的田野调查所面临的挑战，指出了人类学将要承担的重任。

第三章讲述了劳务市场上的农民工源于何种因素促使他们来到此处寻找工作。

第四章、第五章关注：忍受背井离乡的痛苦的他们，如何成为城市社会管理、规训的对象。在这个处于临界状态的地方、一个农村与城市交割的地方，劳务市场给他们的日常生活提供了什么，又让他们的生命历程里体验到了什么。与此同时，农民工通过自身的努力让劳务市场发生了怎样的改变。

第六章将侧重点投向劳务市场上更为弱势的女性农民工，关注她们如何成为"身体的政治"之典型的对象（subject）。她们为何会遭受同样来自底层边缘的男性农民工的性骚扰和侵犯。然而，在成为"身体政治"之操演场所的同时，她们又进一步转变成"政治身体"之积极行动者，进而在一定程度上驾驭着劳务市场。

在第七章中，本研究特别关注农民工感染"性疾病"的状况。这一章展示性交易不仅令男女双方成为了性疾病的受害者，而且也在无意中使他们成为了传播者。本章揭示了制度性因素如何导致这种状况的产生。

第八章从绝望的农民工服毒自杀说起，讨论了农民工的"国家化"的宏观背景，以及劳务市场上的底层边缘农民工被"去国家化"的微观写照。在此基础上，本章凸显了身体政治的价值与意义。

第九章将治理聚焦于社会结构本身，努力从"权力导向"转向"权利导向"。在摆脱适应—生存论的同时，努力转向身份—权利模式，即从农民工的公民权着手对其困境与遭遇构建政治叙事模式来理解农民工公民权的实质。在此基础上，对本书中的底层边缘农民工的苦痛根源作一番分析探讨，以期重新思考与认识劳务市场中的底边人群躯体化的社会原因。

第十章是本书的总结。

门槛之外
——城市劳务市场中的底边人群

第二章 局内局外与你我他

李亦园先生强调，"人类学大半是研究异文化的，西方人类学从一开始便是研究殖民地文化，把非本族的文化当作研究对象，所有人类学的观点和档案都是来自这种异文化的研究"（李亦园，1999：97）。可见，人类学自从诞生之日起便以研究非本族的异文化为己任。这样做的目的不仅仅是满足窥探异域文化的猎奇心理，更重要的是将异文化拿来与本族文化进行比较，促进本族文化的繁荣，优化本族大众的价值观念和思想修养。而且，从方法论上讲，研究异文化能让人类学者清醒地意识到他者与我者的差异，从而能在田野调查时保持陌生的新鲜感，彰显跨文化研究的真正魅力。

文化的主体是人，因此承载着文化的人才是人类学家要研究的对象。这些人常常被我们称为"他者"。"他者"相对"我者"而言，是指与自己的文化迥异之人。正因为彼此存有差异，才能使我们看清异文化的奇异与独特之处，而不至于被熟悉的人物和事实所蒙蔽。接下来的问题是如何开展异文化的研究呢？这就需要人类学者走进田野，参与局内人的各项日常实践。作为人类学者"成年礼"的田野工作，不但是探究文明现象的重要方法之一，而且也是区别社会科学与人文学科的重要特征。这样说并非否定文献资料和历史史实的贡献，而是强调人类学研究的基本素材主要来自田野考察的第一手资料（李亦园，1999：49）。

当然，身处田野的人类学者必须明白体验和理解都是为了学术研究。因此，研究者需要掌握一些穿越局内局外的技巧，在中立和沉浸之间保持平衡，否则研究者要么浮于表面，没有发掘到真正有价值的材料，要么没法从局内人的角色中跳出来，以至于成为了他者的代言人。"浮于表面"或"一沉到底"的田野工作并非合格的人类学研究。本章展示本研究田野点的独特之处，并呈现我在田野研究工作中的种种经历和研究过程。同时，本章还简要探讨了处在全球化背景之下的田野调查所面临的难点与挑战。

第一节　初入田野

第一次去田野的经历，仍然历历在目。2010 年 11 月的一天，我背着行囊坐上地铁，经过最繁华的市中心商贸区，一路南下奔向田野地点。这段路程总共需要经过五个站点，大约八公里的距离。途中，一幕幕繁华的街景在我眼前飞速地飘过。在这号称便捷、安全与舒适的车厢里，承载了享受"城市，让生活更美好"的人们。站台外面充斥着扑面而来的手表、钻戒、楼盘等商业广告。而我的田野地点会是个怎样的世界呢？

图 1-1　劳务市场的大门及其内部

期待的地方终于到达了。首先呈现在我面前的是三五成群、背着行囊、提着工具的农民工。他们在马路两边来回走动，寻找并等待着难得的就业机会。地铁的工作人员告诉我，这里还不是真正的劳务市场，真正的市场还得往前走。虽然还没到劳务市场的大门口，但我已经嗅到了那股漂泊流浪的味道。行进了大约三百米，一扇简易的大门矗立在我的面前。门楣的灯箱上赫然写着"民工就业市场"。往里看去，昏暗简易的求职大厅里充斥着很多寻找就业机会的农民工。

不一会儿，有个穿保安公司制服的人向我走来，问我："小伙子,想做保安吗?"居然有人请我去当保安了。接下来,笔者跟保安公司的负责人聊起来了。负责人告诉我,他们隶属于附近一家外资公司,想在此招收十个左右的保安人员。因为是外资公司,所以招聘保安的要求也比较严格。他们不但要看身高,还要看长相。一个月工作 20 天,休息 10 天,工资 1 800 元。我抛出不能解决老婆工作的理由而婉言拒绝了他。但是一直到中午,这个负责人总是跟着我,要我去当保安。这说明我已经像个农民工了。

下午四点,劳务市场打烊的时间到了。待业的农民工被驱赶出市场。我随着人流在大门口的马路上奔走。他们三五成群地买晚饭、寻找晚上休息的地方。当我走到地铁口时,发现很多农民工在那里聚集。他们面对着马路,看着城里人下班的匆匆身影,议论纷纷。我对他们的话题很感兴趣,便顺势走过去坐下来。随着我的加入,他们一下子变得沉默寡言了。过了好一阵子,他们的话题又继续了。过了一会儿,有人开始关注我,问我做什么的。我觉得没必要隐瞒什么,便说是学生。既然是学生,他们便问我很多学校里的事情,比如每月生活费多少,大学里还教认字吗。随后,有些年轻人开始抱怨小时候没珍惜学习机会。有的说把机会让给了弟弟等,不一而足。大家聊得很开心。尤其是那个提着鸟笼子的农民工,还表演了他家乡的一段快书。

然而,快乐常常很短暂。正当我们聊得开心的时候,突然冲出来七八个人。他们拿着钢管将我们包围在中间。领头的对我们大叫,说我们的聊天噪声污染了他们的耳朵,要征收噪声环保费。跟我聊天的农民工们反应迅速,一眨眼工夫全亮出身边的劳动工具作为武器,气氛骤然紧张起来。我被这转瞬即来的危险场景搞蒙了,不知所措。只听那个养鸟的农民工大喊道:"有话好好说,我们都是打工的,没找到工作,身上没钱。"领头的一听,"少废话,每人二十,快点"。说来也巧,就在这时,远处的巡逻警车缓缓地巡逻经过此地。这些敲诈者旋即作鸟兽散,消失在苍茫的暮色中。这一切如同一阵狂风来得那么快，去得又那么迅速。

接下来，我们的话题自然转换到此处的治安上。缓过神的我这才感到了一丝后怕，我已经听不见他们在说什么了，满脑袋都在想怎么会有这种事情发生呢？危险的状况会经常出现吗？跟我一起聊天的农民工的表现虽然紧张，但仍然是那么的沉稳。难道他们不怕吗？还是见怪不怪了？如果没有巡逻警车，后果会是如何呢？这次意外冒出的危险提醒我，做田野调查往往要面对一种无法回避的现实，也就是说，当我们选择现实生活中的研究问题时，可能有难以预料的潜在威胁也悄悄地如影相随。研究高风险社区的西尔维·托尔尼（Sylvie Tourigny）的经历告诉我们，在对经济上遭到剥夺的社区进行田野研究时，人类学者的自身生命会处在一种时刻遭受威胁的状态（Tourigny，1998：149-168）。相反，正是因为人类学家的冒险付出，人类生活的多样性才有可能呈现出来，问题的真相也才能得以真正的揭露。

第二天一早，大门口的职业中介看到我便围上来问道，"老板，要人吗？""招人啊？"……我低着头，暂时还不想与他们扯上关系，引起太多人的注意，以免影响我后续的田野工作。我径直往里走，来到了市场的办公室了解情况。但我发现，这个想法是非常幼稚的。办公室的工作人员向我介绍的情况和我在报刊上见到的如出一辙，没有丝毫新意。毫无疑问，这些办公室里的工作人员经过与记者、众多来访者的历次交往，千锤百炼地成了演技高超的表演者。

初次造访让我感到，无论是办公室人员、中介人员还是农民工，都把我当成了走马观花的记者而已，而对我感兴趣的问题却守口如瓶。这或许因为顾及自身隐私的保护，或许为了劳务市场自身生存的需要。总之，失败与尴尬促使我不断反思。在后来的日子里，我一改往日的学生模样，努力模仿成劳务市场上的农民工形象：留起了拉碴的胡子，尽量少洗脸，身上带着三元一包的红梅香烟，穿上借自城市救助站的旧衣服，身后背上了塞着棉胎的彩色编织袋，说话的口音也带上了方言。这些道具的装扮令我很快走进农民工群体，去观察他们的行为、询问他们的遭遇、聆听他们的心声。一直到他们将我当作"同是天涯沦落人"的时候，我的田野工作才真正有了起色。

第二节　"他者"的世界❶

　　劳务市场位于城市主城区以南地区，占地面积近一万平方米。劳务市场的大门北侧并排着几家小饭馆儿和小商店，南侧是一个报刊亭和小型停车场。该停车场主要为招聘的雇主提供停车服务，但却往往成了农民工打架斗殴的战场。停车场的左后侧是一个的居民小区，大约生活了三百多户家庭。小区内有个很大面积的庭院，里面停放着该小区居民的私家汽车。就是这么一处空空荡荡的庭院，也成了农民工打牌赌博的地方。从停车场往后走，沿着大约二百米长的小石路，我们可以上山，进入一个小型公园。该园占地面积22.5公顷，此处翠竹茂密，花木扶疏，清香怡人。园内有依山堆砌的假山、碧波荡漾的水池，还有曲径通幽的长长石阶，是城市南郊休闲锻炼的好去处，也是农民工日常活动的重要场所之一。

　　劳务市场在这个城市的一个社区管辖内，该社区曾经只是个村庄，城市版图扩大之后被变更为社区。虽说是个社区，但它的繁华程度绝不亚于一个小镇。每到傍晚，一些美容按摩小店的夜生活也异常丰富多彩（详见第七章）。从劳务市场大门向北，经过第一个红绿灯的交叉路口，左拐进入一条狭窄的巷子，一个小型的农贸市场便呈现在你眼前。该农贸市场呈狭长形，巷子的两边都是店铺和摊位。绝大多数农民工们也常常在此吃饭、喝酒。沿着市场再往里面走，就是一处高架桥。该桥的底下便是绝大多数农民工夜晚睡觉的

---

　　❶　本节内容以"空间的底边与底边的空间"为题，刊于《江苏行政学院学报》2011年第5期。有删减。

地方。

　　作为城市第一家由政府扶持创办的专业人力资源市场，该市场由劳动部门进行业务指导，实行企业化、市场化的管理运作模式。它拥有验身份证、培训发证、信息发布、职业介绍四个大厅，目前可同时容纳5 000人求职应聘。但在平时，进出劳务市场的求职农民工大约有1 000人。这1 000人左右的农民工当中，绝大多数都是长期在此生活的农民工。这些人被职业中介人员称为好吃懒做的"老油条子"。这是目前劳务市场的现状。

　　然而，在20世纪80年代末，大批的农民工进城寻找就业机会。那个时候城市新区还没有开发到这里，城墙外面是大片的农田和水塘。城南曾经是最贫穷的地区，属于城乡接合部。老百姓的生活比农村好不了多少，农民工觉得此处有点乡土的味道，就在这里停留并寻找就业机会。说它是"黑市"，是因为这个市场完全是自发形成发展的劳务市场，并没有获得当地政府部门的批准。而且劳资双方交易没有任何法律形式加以约束，以口头承诺约定为主。这就为日后被取缔埋下了制度隐患。

　　劳务市场的存在，为城市居民和用工单位提供了大量廉价的农村劳动力。正如一份报告中指出，"农民工已是我国产业大军中的一支重要力量……在我国工业化、城镇化、现代化建设中发挥着重要作用。可以说，过去20多年，如果没有农民工，我国的工业化、城镇化进程就不会有那么快，沿海地区新兴产业和开放型经济就不可能迅速发展"（国务院课题组，2006：2）。同时也给农民工带来了收入。但是，一些游手好闲者、靠偷盗生计的社会边缘人群，他们以地缘、亲缘等关系拉帮结派、寻衅滋事，混迹在劳务市场周边。

　　这股潜藏于农民工中的浊流，不仅损坏了农民工的整体形象，而且成为了当地治安的隐患，也引发了周围居民的不满与抗议。虽然这种情况有点类似于90年代初期的北京"浙江村"，如同张鹏指出的那样，流动人口之帮派的出现是在一个缺乏政府保护的地方建立秩序和实施控制的一个可选途径（Li Zhang, 2001b：190）。但忍无可忍的附近居民与媒体一道，给城市的管理者施加舆论压力，并为城市管理者整治并最终取缔劳务"黑市"提供了合理的说辞。

从90年代中期开始，当地政府决定对"黑市"进行集中整治。政府通过在城墙上贴通告、在城门附近用大喇叭播放等方式，每天不间断地宣传农民工不得在此聚集交易的禁令。后来，当地政府发现仅靠宣传，效果甚微，反而越禁越火。2002年，市政府决心彻底地解决这一棘手问题。于是，市政府专门成立取缔领导小组，针对中华门劳务"黑市"采取行动，新闻媒体还为此做了专门报道。

从地方政府的取缔决心之坚定，我们体会到了苏黛瑞（Dorothy J. Solinger）所说的：中国流动人口在城市争取公民权（citizenship）。她认为，当代中国管理者所牢牢控制的户籍制度依旧保持着绝对的影响力，中国经济的转轨并不能像西方社会那样，能够促进流动人口对城市的融入和对同等公民权的获得。因此，苏黛瑞对中国流动人口获得与城市居民同等的公民权的前景并不乐观（苏黛瑞，2009）。

在中国，由于城乡的分割管理，城市的管理者没有义务和责任为外来者提供就业服务和生活保障。当面对来自市民和媒体的舆论压力时，城市管理者动用户籍制度所赋予的特权，将农民工自发形成的劳务市场界定为不合法的"黑市"，并将外来者区分为暂住人员和"三无"人员，予以区别对待和处理。城市管理和公民权抗争的辩证关系在此被充分展示出来。一方面，当地政府对中华门劳务市场的整治和取缔，是对城市容貌的维护、对居民生活的保障、对社会治安的维稳。另一方面也是对外来流动人口的驱赶、对农业户籍人口的清理、对非城市居民公民权的践踏。市场化时代的劳务市场，作为一个特殊的社会空间应该被视做是资本主义空间生产的重要组成部分。但在国家日渐市场化的背景下，差异政治呈现出了强悍的力量。

那些"三无"人员整天惶惶不可终日，一旦查实则被拉往城市收容站钟山煤矿分站，分流遣送回老家。然而农民工并非一味屈从，而是借助这个空间来增强自身的权利。当整治的风暴袭来时，农民工们纷纷从内城分散到更远的郊区；当风声渐次消退时，便悄悄地又返回劳务市场。这种"潮汐"式的规律活动反映了他们对城市公民权的排外性提出了挑战。

经过几轮的整治和清理，城市管理者无奈地意识到，粗暴的驱赶和遣送并不能彻底有效地处理好劳务"黑市"。况且，如此一味驱赶劳动力无疑是一种不明智的做法。于是将"堵"的方式改为"疏导"的方式。同年的六月，真正意义上的农民工就业市场在当地政府部门创办下成立了，实行"政府扶持、企业承办、市场运作、自负盈亏"的管理理念。其地址选在原有色金属交易市场，由一家铜业有限公司承担经营管理，后因农民工市场运行带有公益性质无法营利。原承办方研究决定于 2004 年 1 月 1 日进行企业化改制，将所有资产及经营权转让给一家物资公司，由该民营企业组建了现在的劳务市场。于是，私营性质的劳务市场在政府扶持中开业经营了。

事实上，社会的空间反映了机制权力和支配力量实际的运动状态（练玉春，2007：176-181）。正如德塞都所言，"空间是场所（地点）的实践"（M. de Certeau，1984：117）。因此，空间性的存在便成了日常生活实践的特征。与德塞都相比，受到马克思影响的列斐伏尔（Henri Lefebvre）则更为大胆。他认为"空间不是一个被意识形态或者政治扭曲了的科学的对象；它一直都是政治性的、战略性的……以历史性的或者自然性的因素为出发点，人们对空间进行了政治性的加工、塑造"（列斐伏尔，2008：46）。如果我们认可列斐伏尔所说的，那么对空间的形塑、改造和控制便弥漫着政治的和策略性的硝烟。空间的秩序实质上是社会秩序的实践和暴露，反映着人类社会的结构功能和等级差异。

当来到劳务市场时，首先映入眼帘的是大门旁边的治安值班室：醒目的警徽、白色蓝底的墙面，房顶带着一个昼夜闪烁的红蓝警灯。

图 2-1 劳务市场门口的治安亭和头戴钢盔的保安

往里紧挨着的分别是保安值班室和民警办公室，门口站着头戴白色钢盔，身着"水泥灰"色服装的彪悍保安。再往里走，便可以看到类似仓库的几处大开间，分别是职业介绍厅、招聘信息厅、验证发证厅等。大厅里的塑料质地的椅子早已被损坏，留下了一根根钢铁支架茕茕孑立、形影相吊，偶尔有几个民工支在上面酷似杂技演员似地小憩。水泥地面和四周的墙体上布满了燥痰留下的斑斑痕迹。整个大厅屋面使用的蓝色彩涂钢板，安装简易且成本低廉。此种空间场景与坐落在闹市繁华区的城市人才市场相比，如此悬殊的空间表达常常不被听到，所以往往遭到忽视或不被注意（劳森，2003），但却呈现出城乡二元体制对外来流动人口的不自觉的排斥，强化了忽视农民工公民权的政治话语。

值得注意的是，尽管城市管理者提供了特定的场所供农民工应聘之用，但农民工却并不领情。他们认为，在外面直接与雇主商谈，可以保证用工要求与待遇信息的准确可靠，而且不用交纳中介费用。而在市场内，中介人员为了收取中介费，极力撮合劳资双方达成合作意向，给双方提供的信息不对称，致使农民工有受骗的感觉，从而影响农民工对市场与中介的信任。因此，农民工纷纷从内部位移到外面的马路边等待雇用。表面上看，这是对劳务市场及其中介人员的不信任，实际上却蕴含着农民工对城市管理者的权力逻辑与行为的藐视，也是对市场空间秩序的公然反抗。

如果说国家权力将他们限制在一定空间范围内，摆在某个社会等级秩序的位置上，为的是能够更有效率地管理、控制、使用这些劳动力。毋宁说隐藏更深的目的在于干预农民工劳动力的供求法则，迫使其在资本的挑选下价值贬值、思想麻木并且变得听话。然而，这种诡计很快便被识破了，"里面骗人的，光要钱，没好活儿"。这种藐视和抗争并非天然存在，它是在陌生的城市中经历了种种挤压遭遇之后产生的。他们并不甘心被安顿在那个位置上，他们愤而反击，从身体和空间上挑战这种安排。劳务市场空间秩序的内外颠倒，使得民工们在一定的权力空间中开辟了一片自主的天地，自行把握应聘行为的规则和节奏，掌控自己的打工命运。

然而，该市场已经从城市的"内城"，被边缘化至城市的"外廓"。从内到外的迁移，不仅仅是为了内城开发拓展的需要，更重要的是存在着一种空间权力——在权力宰制下的空间，存在着对农民工的种种不公平的宰制。正如赛义德（Edward W. Said）在《东方学》中论证的那样，人们的各种身份是他人赋予的各种标签，进而被塑造、消解或操纵的意义和联想（赛义德，2007）。农民工的身份便是这一话语的最好诠释，传达了农民工公民权被侵占、剥夺的社会信息。

不管是公益服务还是私营企业，该劳务市场主要针对来自农村进城打工的农民工提供就业服务，常年为工矿企业和城市居民提供各种类的熟练劳动力。❶ 截至 2009 年底，劳务市场驻场职业中介机

---

❶ 该劳务市场常年可以为工矿企业和城市居民提供熟练劳动力，如缝纫工、裁剪工、营业员、收银员、电子操作员、搬运工、装卸工、送货工、电焊工、油漆工、水电工、杂工、洗车工、洗碗工、学徒工、操作工、摩托车修理工、家电维修工、钟点工、家政工、保姆、月嫂、保安、保洁员、服务员、驾驶员、小炒厨师等。

构多达 72 家。全年提供用工信息 3.26 万余条，提供就业岗位 10.86 万余个，接待外来务工人员大约 61.02 万人次。❶ 这里的农民工来自五湖四海，但以安徽和苏北地区的农民工居多，也有少数来自云南、广西、内蒙古、黑龙江等边远省份。他们长年在外面四处漂泊流浪、风餐露宿，饱经风霜的面容看起来比实际年龄都要大十岁左右。

2011 年春节期间，仍然有大约四五百人待在劳务市场周围没有回老家过年。各式各样的原因导致他们无家可归，只能漂泊在外勉强度日。毫不夸张地说，这里既有虔心找工作的，也有小商贩、治安员、社区管理者，更有客串酒鬼、小偷、性工作者、嫖客、乞丐的农民工，以及同性恋、精神病患者等各色人等。虽然生活在城市的边缘，处在社会的底层，但他们却同样受到来自主流社会权力的宰制与压迫，绝非"法礼之外"（范可，2007a；许倬云，2007）。

与此同时，我在田野调查中经常听到劳务市场周边居民议论此处的治安和卫生状况，诸如"晾晒欲干的衣服不见了"，"他们到处拉尿"，"那边又在打架了"，"半夜大喊大叫，吵死了"，"他们人多，说他两句，他比你还凶"，"早点搬走、早日超生"等等，不一而足。这些话语一方面反映了城市居民对劳务市场的规划安置表示强烈不满，另一方面反映了对外来农民工的恐惧和对自己生活环境的担忧。他们常常教育并劝导未成年人和女性傍晚放学、下班尽早回家，晚上尽量不出门。同时，他们利用网络来表达这种无奈感和抗议声，要求当地政府尽早安排该市场搬迁。而一些媒体也纷纷加入进来，对这个充满争议的"舞台"及其"演员"进行了铺天盖地的报道。

居民们反映的这些情况与当地警察的看法基本一致。在田野里，我曾访谈过负责此处的治安警察。在警察们看来，劳务市场就一个"乱"字。他们以自己的经验告诉我：每年新年过后，会

---

❶ "南京市安德门民工就业市场 2009 年工作总结"，内部资料，未刊发。

有大批外来农民工涌入劳务市场。这个时候，绝大部分的农民工都是出来打工赚钱的。而春季应聘高峰过去之后，有很多农民工仍然逗留在市场里，这其中就有百分之七十的人都是一些"好吃懒做"的"老油子"，甚至是长期混迹于此的地痞流氓。他们身上经常藏着管制刀具，在此敲诈、偷窃，酗酒打架闹事，有时动辄就拔刀伤人。

由于该地的农民工普遍具有仇富仇警的心理，警察在处理治安事件时常常陷入被动境地。但凡警察向他们调查取证时，他们往往不配合，或一味倒向农民工，去指控雇主、中介或城市居民。由于长期生活于此，他们已经熟悉了与警察打交道的那一套技巧，清醒地知道什么是犯罪的底线，如何做好反侦查的小动作。警察们经常花费很大的精力抓住了嫌疑人，但是由于证据不足，只好在关押 24 小时之后无奈地将嫌疑人释放掉。

在田野调查中，我也发现了众多农民工罹患性传染疾病的事实。为此，我也特地访谈过疾病控制中心的工作人员。他们认为本市的社会基本面上的监控一直在进行之中，包括对大型医院和大型社区的跟踪记录。但同时他们也承认，有些地方，比如我的田野地点则很少被关注到。不过，有时他们也选择了一些地点做过短期的干预，但效果一般，主要原因是人员流动频繁，受众不予配合等。对此，本书将在第七章中讨论。

劳务市场就是一个大舞台。这里每天发生着不一样的故事，却又是一样的感觉、一样的结局。正是因为它的混乱、它的复杂、它的无厘头才让我有机会探查工厂劳动场景之外的底层、边缘农民工的崭新可能。这群特殊的农民工的日常经验和独特体验，毫无保留地向我们呈现当代中国社会中身体政治的力量，并揭示中国在融入全球化、追求现代化过程中的底层民众的痛苦与煎熬。

第三节 田野里的"自我"

一般而言，好的民族志往往有很强的问题意识。例如，人类学家武雅士（Arthur Wolf）为了搞清楚人类乱伦禁忌（incest taboo）的问题，特地跑到台湾的安溪一带进行田野调查，以验证弗洛伊德的恋母情结和恋父情结的假设正确，还是威斯特马克（Edward Westermarck）的近亲之间的"性嫌恶"假设更有说服力。为此，他设立了一些自变量，比如离婚率、所生子女数量等来加以验证。同时他还将小婚（童养媳与养父母家的儿子成婚）和大婚（非童养媳通婚者）作对比，结果证实了威斯特马克的近亲之间的"性嫌恶"假设说（Wolf，1995；转引自范可，2011b）。

相反，如果满脑袋都是研究者的理论架构和任务意识，那么也许他只能得出原先理论框架中一个结论性的结果，不太可能有真正的崭新发现。因为研究者的研究现象是在研究的过程里逐渐发现和领悟的。先前的预设太多、任务意识太重、发文章的压力过大，那么研究者发现新的课题的可能性将会被削弱。这并非否定问题意识，也非鼓励频繁更换研究主题，而是强调人类学的研究应跟着田野走，跟着研究兴趣走。也就是说，"我们去田野是带着问题去的，但问题还可以在田野调查的过程中不断修订，增补，更换。田野应该是我们提出新鲜问题的地方，而不应当仅仅是验证我们已经形成的想法的场所"（邵京，2011c）。

在进入田野之前，我原本打算研究农民工的公民权（citizenship）。我的想法是通过田野调查，描述农民工在城市中的日常生活实践和行为策略，揭示出农民工是如何在不利的环境中生存、抗争并催生新的或异于西方的公民权模式。该研究试图提供一种新的对农民工生存处境与争取城市地位的方法，建立一种全新的研究农民工的知识标准与理论范式，并对理论界关于农民工的研究进行检讨和反思。

同时，该研究争取为一种在公民权语境中对农民工的社会学研究提供新的经验与理论探讨，为农民工在城市化进程中获得国家、社会、市场的多样化的政策支持以及农民工自身能动性地行动逻辑找到现实依据。我为此做了大量的准备工作，同时也阅读了相当的有关公民权，尤其是关于移民的公民权的书籍。我甚至还打算从医院里农民工的婴儿出生开始，到该市的火葬场的一系列的人生过程，来考察外来农民工的资源分配与权利等问题。然而，田野的经历却给了我很多意外。这些意外让我身不由己地跟着田野的感觉一路前行。

刚进入田野地点时，我就感觉到研究对象的与众不同。劳务市场上的农民工常常对一个新来的学生模样的人多了一份怀疑和不安。他们时常缄默不言，并用怀疑的眼光打量着这个问这问那的"眼镜儿"❶。他们以为我不过又是一个想要挖"苦大仇深"新闻的记者而已，问完之后回去写篇报道交差了事。对他们来说，我的存在只不过是他们控诉老板和中介人员的传声筒，希望借助我的嘴巴为他们"鸣冤叫屈"。

那时候的我因被利用而感到很不愉快：一方面他们确实受到了不公正的对待，另一方面我得到的资料都是他们曾经向记者重复了无数遍的台词，了无新意。同时，劳务市场里还有许多"混混儿"，整天游走在我的身边，刺探我到底是什么来头。此外，频频发生在这一地区的暴力、敲诈和酗酒等事件也令我感到不安和焦虑。当面对这么多光怪陆离、复杂无序的生活场景时，我不断检讨和质疑我先前预设的问题。直到在一个雨天碰到了志英，我才意识到真正有意义的研究主题正向我款款走来。

在田野调查中，能让报告人对人类学者讲真话是一件很不易的事情。李亦园先生早年在台湾彰化做研究就遇到了这样的境况。当年李先生就是觉得女主人客气但仍有顾虑，一直收获不到想要的资

---

❶ 在田野里，农民工们都喜欢叫我"眼镜儿"，因为我戴着近视眼镜。

料。后来他们不辞辛劳地在雨夜中主动帮助寻找小丫头，从而打动了女主人，取得了信任。从那时起，他们获得的资料就非常深入。因此，李先生感慨道，人与人之间的感情很微妙，有时需要巧合的机缘才能将彼此的关系拉近（李亦园，1999：348-349）。

遇到志英的那天，雨下得特别大。我们都躲在劳务市场的大棚里避雨。大家无奈地看着烟雨蒙蒙的天空。突然有个慈祥声音从身后传来。一个中年妇女主动跟我搭讪，问我年龄和工作的事情。慢慢地，她开始跟我聊她的儿子。我了解到，他的儿子跟我差不多年纪，而且已经跟这位妈妈断绝来往多年。

经过数日的相处，志英成了我可靠的报告人，并且她还将其他的姐妹介绍给我。从她们的经历里，我看到了在劳务市场应聘的中年女性农民工被性骚扰和侵犯的恐怖的生活画面，读到了女性农民工的艰难与悲惨。有时候，她们为了能够生存得安全一点，而将自己的赤裸身体当作了主人，驾驭着劳务市场的整个夜晚（详见第六章）。因此，我打算揭示她们的身体如何在世界独一无二的隔离体制下被关注、利用、控制甚至骚扰、蹂躏的。也许是我的长相勾起了她对儿子的牵挂，也许是她看出我并非是坏人，这一切来得那么自然那么彻底，将我前期的所有想法打得落花流水。此时，我清醒地意识到我研究的课题就在眼前、就在当下。经过了一系列的观察、倾听、记录、思考、犹豫、反省之后，我选择了从身体和权力的关系上去看劳务市场上的农民工群体。

在以后的田野中，我开始关注和收集这方面的素材。例如，我第一次跟老李相识是因为他的悲惨遭遇。那是一个傍晚，阴冷的天正下着淅淅沥沥的冷雨。我打算早点寻找地方吃饭，再找个暖和一点的地方将就过夜。但眼前的一幕让我踯躅不前。老李躺在湿漉漉的地上，蜷缩着身子，嘴角流着黄色的口水。旁边的农民工也纷纷围拢过来，议论纷纷。在好心人报警之后，警察和医生陆续赶到，将他送至附近的医院救治。后来听说他患上了梅毒，而且已经是三期了。三天后，老李颤巍巍地出现在劳务市场的马路边。我递上一支烟，他猛吸了两口，起泡的两片嘴唇吐出一句话"你是个好人"。几天以后，老李的"不轨"行为让笔者看出一点端倪。通过老李，我接触到了小丁等一群相同经历和类似命运的人（详见第七章）。

在田野工作中我默念着格尔茨（Clifford Geertz）的教诲，研究地点并不是研究的对象本身（格尔茨，2008）。而且，田野的研究也不仅仅限于一个场所、一段时间。因为研究对象是活动着的，我们不一定就非得让人家在这个地点接受我们的观察、访谈等。相反的是，研究对象四处活动恰恰给研究者提供了见证他们日常实践的可贵机会，这可以说是人类学特有的优势。

与卫东的交往，让我了解到外出打工并非完全因为贫困、剩余劳动力以及消费性欲望所使然。快速的城市化建设也成为了农民走向城市打工的动因。为了搞清楚这群人的进城动因，我特地跟随他回到老家去感受快速城市化建设的巨大威力，体验作为城市郊区普通百姓的酸甜苦辣。在卫东的家乡，我看到的情形将我原先的想法彻底摧毁了——几年过去了，曾经的田地家园化作的残垣断壁之景象依然存在。远处，几只野狗还在历史的记忆中不断徘徊。

我深切地感受到，在这场不平等游戏中，政府主动充当了交易的中间人和利益冲突的仲裁者。他们为追求高额的 GDP 和巨大的财政收入，不惜将农民从本属于他们的空间中驱逐出去，迎来能够创造更多"财富"的资本集团。亦即在这场争夺空间的斗争中，权力与资本联手"合法地"将毫无话语权的农民们彻底击垮。这一过程所产生的很多失地农民无可奈何地辗转各地、外出打工（详见第三章）。

为了揭示"无良"农民工敲诈雇主的真实场景，我曾跟他们一起奔赴安徽的一家机械制造厂工作。在平时，我跟他们常常一起吃饭，一起睡觉，打牌赌博，甚至看到漂亮女人一起尖叫。白天，我常常过着一天消费六元的艰苦日子，但有时也跟他们在小饭馆里喝得酩酊大醉，以至于手机都被他人"借走"。夜晚来临，我住在十元一晚的小店里，听他们讲打工的故事、跟警察周旋的经历和无休止的荤话。那时的我，已经不似作为研究者的我，而是一个地道的农民工了。那时的我，再也不是那个刚来劳务市场的酸味扑鼻的"眼镜儿"了。当田野工作结束时，老阚一把拉住我，语重心长地对我说，"我们这些人真的太苦了。你要好好地写出我们的真实生活"。老贾也跟我强调，"我向你提供的都是真实情况。你一定要认真写，别放大也不能缩小喽，实事求是地写"。我难受而坚定地点了点头。

这时候，我才意识到艰难的调查过程与我所获的材料一样弥足珍贵。而与此同时，在田野工作中遇到的尴尬情景和种种尝试，令我自己清醒地体会到人类学者作为一个普通人的优点和不足。在学会坦然面对各种焦虑和坎坷时，我也收获了许多珍贵的经验。这些都将为我今后的人类学研究生涯提供诸多有益的帮助。

第四节　田野工作的难点与挑战

尽管在整个田野调查期间，我的感受和许多人类学者一样，尽可能地成为局内人中的一员，体验和感受他们的日常经验。然而，这样的做法却时常令我感到煎熬。在跟他们相处的期间，我常常不知道他们下一步要做什么。因为他们会随时随地冒出一个想法并不假思索地去实施。这往往让我陷入不仁不义不法的活动中，感到万分被动尴尬与痛苦。对安徽的机械厂老板的敲竹杠完全就是非法的勾当，但我眼睁睁地看着老板被设计陷害却无能为力。在加油站附近，某农民工因偷穿他人的一双皮鞋引起了打斗，致使双方头破血飙。种种危险场景让我不寒而栗、毛骨悚然。潜在的危险随时会出现、难以预料。毕竟他们的危险也是我的危险，也会随时降临到我头上。

　　毫不夸张地说，尽管他们是汉族成员，但是他们却在社会变迁中成为了真正的"他者"，而劳务市场就是一个名副其实的他者世界。当然，本书所言的他者并不代表笔者在情感上对他们的排斥。而是他们的生活经历距离包括笔者在内的绝大多数普通人确实太遥远，以至于我有时候无法想象他们的内心想法及其行为逻辑。当会将劳务市场的人和事呈现在学术研讨会上时，现场的听众无一不为之惊愕。

　　不过，"他者"一词本身往往会有误导之嫌。一般而言，提起"他者"总会让人想到异国他乡的某一个地方。不错，这是传统人类学研究一直引以为傲的优越之处。直到现在这一提法仍然是该学科秉持的研究理念。然而，"他者"还具有另一层意思。范可先生指出，"我们在田野里不要理所当然地认为，在我们自己的文化里，没有什么事是不能理解的"（范可，2011b）。

　　范可先生以其自己的亲身体验诠释了他者的这一层含义。十多年前，他在福建闽南做博士论文的调查时就感受到了。虽然当地经济发达，文化繁荣，但作为在大学社区成长的范先生而言，一切是那么的不同。很多事情对他而言简直是闻所未闻。当时他就感受到要学习的东西太多了。之前带进去的很多想当然的观点也受到了巨大的挑战（范可，2011b）。因为在"我者"的内部同样存在着多样性。这些多样性往往就有意无意地被忽视了。

　　正如黄宗智所言，在国外，只有人类学才使用田野调查。而它重点使用在其他民族的研究上，一般不用于本土的社会。但在中国，田野调查是不可或缺的（黄宗智，2005）。之所以如此，原因在于我国幅员辽阔，国情复杂，人口众多，民族多样。不同地区不同人群的亚文化异常丰富，有所谓"百里不同风、千里不同俗"之说。因此，中国需要人类学，中国社会更需要人类学家。事实上，发掘本土文化的多样性一直被中国人类学家心照不宣地实践着，并取得了

很多丰富的研究成果。❶

　　如果说上述一些学者所做的研究在情感上能够跟"他者"融为一体，那么我面临的情形跟他们遇到的情况大不一样。毋庸置疑，"农民工"这个概念遮蔽了该群体内部太多的多样性。以至于一谈到农民工，人们就会想到从农村进城打工的人们，他们每天按部就班地打卡上班，每月寄钱回家等情景。

　　坦诚地说，面对田野中的这一群体时，我很难想象属于农民工群体的一分子的他们竟然是那种状况。虽然说不上是文化震撼（Culture Shock），但我原先的许多想当然的想法受到了极大的挑战。要想融入他们的世界对我来说确实存在巨大的障碍。毕竟他们的生活经历和价值观念跟我们普通人完全不同。与此同时，他们也常常对不属于他们圈子的人表现出怀疑和不信任感，甚至是怨恨与仇视。因此，我由衷地感到了解他们的难度并不亚于研究一种异文化。

　　因此，在田野中，我尽可能地与他们待在一起，努力融入他们的生活圈子。当然，我采取的调查方法也是人类学惯常使用的深度访谈。通常意义上，深度访谈是指就一个问题的某些方面进行深入细致的访谈。然而人类学家李亦园先生提醒我们，深度访谈还有另外一层含义，即一种自由联想式的访谈（李亦园，1999：109）。在特定语境中人类学者常常面临被访者不愿意回应的尴尬场景。太过于直接和正式的访谈令他们难以启齿或无所适从。这时候，我们应该采取自由联想式的访谈方式。正是运用这种海阔天空的聊天方式让我捕捉到大量与研究主题相关的信息，从而很方便地得到了真正需要的材料。

　　虽然说一些事情需要亲身体验才能有所领悟，但作为一个人类

---

❶ 这方面的研究主要有：费孝通的《江村经济》；林耀华的《金翼——中国家族制度的社会学研究》；李亦园的《文化的图像》；马戎的《西藏的人口与社会》；范可的 *Identity Politics in South Fujian Hui Communities*；王铭铭的《村落视野中的文化与权利——闽台三村五论》；赵旭东的《权力与公正：乡土社会的纠纷解决与权威多元》；等等；不一而足。

学者，自己内心都有一把道德和法律的标尺，完全明白田野深入到何种地步适可而止。绝不能因为理解他们，而致使我们完全参与到他们的所有活动中去。其实，有些体验根本就不需要或不能体验，比如对吸毒人群的状态调查。这些都不但涉及调查伦理的问题，而且也是关乎法律的问题。但我始终认为田野工作的经历与完成的研究成果一样重要，而且田野中的态度也与成功调查的本身一样重要。因此，我觉得我的付出是值得的，因为在田野里发生如此惊心动魄的事情，恰恰说明了该田野的价值所在——鱼龙混杂、乱象重生的劳务市场作为一个制度性的空间，不仅无法充分满足进城务工农民的就业需求，反倒成为一个失序的野蛮世界，一个国家放弃、社会抛弃的畸形世界。

田野工作的难点与挑战除了来自田野地点的危险、暴力、情色之外，还来自于研究对象本身。在劳务市场里，前来找工作的农民工具有高度的流动性。这种特殊性在以往的人类学研究中往往很鲜见。当年，马林诺斯基（Bronislaw Malinowski）因把田野点预设为与外界隔绝的场所——当地人的生活空间仅限库拉圈的流动范围而遭人诟病。迄今为止，地球上也许已经没有一块净土未曾被人类所涉足，没有一个社区与世隔绝，更何况处于当下的全球化时代（范可，2011b）。这给人类学的研究带来了一些挑战，使我们无法按照传统的人类学的方式找到一块合适的田野地点。

因此，我们不能期待一个田野地点是静止的、封闭的——他们就在那里等着我们去研究。今后，我们遇到的情形会像人类学家Trouillot描述的那样，"拿着照相机和笔记本，寻找野蛮人，但是野蛮人已经消失了"（Trouillot，1991：17-44）。地域上的流动、跨文化的交往和研究对象角色的转换也应该成为田野调查不可或缺的一部分。田野已经不再局限于野外，也不再局限于固定场合的固定人群身上，而或许是一个餐厅、一个街道、一个修道院（阎云翔，2003：231-259；怀特，1994；安斯洛，2010：24-42）。研究的对象或许是不同地点里具有相同特征的流动个体，就像戏台上的演员总是在变，但角色却依旧确定。

只有到真正的生活中去，我们才能发现感兴趣的现象，引人深思的话题，值得研究的材料。如果头脑里的预设太多、任务意识太重，那么研究者的学问可能做得就不够地道。但深入的田野调查也常常让你处于孤寂、尴尬，甚至非法、危险的状态。这就要求我们对田野工作的特征有所认识，对调查的伦理原则有所掌握，并且对身边的事物保持敏感和清醒，努力做到既不遗漏关键资料，也能在田野中掌控自如。这叫有所为有所不为。当然也要注意自己局内人和局外人的角色转换，否则一旦陷进去便无力自拔了。

刚进入田野，我是以学生的身份出现的，但是这一身份却被农民工视为"不学好"。在他们的心目中，好学生应该在校园里一心一意读书，不该跑到校园之外"乱窜"，更何况是来到这个乱七八糟的劳务市场。在处处碰壁的情况下，我决定扮演农民工。这一次，他们已经将我当成了一个劳务市场的求职者了。作为一个"地道"的农民工，我以局内参与者的身份对该田野进行了细致而深入的记录，收集到了蜻蜓点水式的记者们无法捕获的材料。

事实上，在整个调查的过程中，大部分受访者已经模糊地意识到，我不是一个真正的农民工，但究竟是做什么的还不得而知。在田野调查的后半期，我逐渐向报告人表明自己真实的身份。他们对此表示理解和支持，有些农民工还主动有针对性地向笔者介绍事件的当事人，带领我去目的地感受现场气氛。局内的参与让我成了一个线索性的角色，引领着读者跟随我们的脚步理解劳务市场的复杂与纷争。

至于调查伦理的问题，我在下田野之前和调查的过程中也一直在思考：要不要对他们的隐私进行揭示。其实，在田野的后期，我逐渐意识到，他们对自己的行为和隐私并不十分看重，还有些人则显示出一副无所谓的态度。这里面的原因，也许是因为他们本就不在乎，也许是因为对我的信任。但这并不能成为我揭示他们生活隐私的理由。因此，我在行文之时都做了匿名处理。在我的心目中，一直有这样的想法：对研究对象的内心想法和行动逻辑揭示得越深刻，问题的真相就可能越得到充分的展示。而研究对象最终也很有可能成为我们工作的最大获益者。这是我对他们的最好回报，也是对调查伦理的一点反思。

当然，典型的人类学家常常以小见大，从微观的、局部的、细小的事情中做出更为普遍的解释和抽象的分析。例如，人类学家本尼迪克特（Ruth Benedict）对日本文化的研究，得出了"日本政府会投降，但仍要保存并利用日本的原有行政机构"的结论（本尼迪克特，1990），从而影响了战胜国对日本战后政策的走向。人类学观察日常现象，思索出合理的解释，并将结论推而广之。正如本研究即将要展开的那样，我将把底层边缘的农民工的样态和受到权力的宰制情形呈现给读者，并将其放到整个社会转型的过程中去看待，以此传达在追求现代化的道路上底层人们所遭受的痛苦和煎熬。

另外，人类学也十分强调文化的相对主义（cultural relativism），那就是尊重差别，强调多元性。人类学就是一门关注平等、尊重他者文化和价值观的社会科学。通过对人类多样性的宣传，整个人类学领域挫败了种族中心主义的倾向。这种倾向认为自己的文化最优越，并使用自己的文化价值标准，判断其他社会成员的行为和观念。人类学强调的多元性的教育理念已经产生了广泛而深远的影响。这种影响使接触到人类学知识的人们逐渐改变了"我族中心主义"（ethnocentrism）的观念，支持求同存异并主张在平等的基础上和谐相处。因此，现代应用人类学通常致力于帮助当地人民，并在国际政治舞台上为被剥夺了公民权的人们呼吁（Kottak，2006：396）。因此，人类学教育是公民教育的重要组成部分之一。

门槛之外
——城市劳务市场中的底边人群

第三章　卡在门槛上的人

门槛之外 | ——城市劳务市场中的底边人群 ▷

前 文呈现了我在田野研究工作中的种种经历，突出了该田野地点的独特之处。在本章中，我将针对该劳务市场上的农民工因何而来展开讨论。

在劳务市场上，我发现很多待业的农民工并非真正愿意出来打工。他们往往很留恋家乡日出而作日落而息的乡村生活。可以说，外出打工并非他们真正的内心本意，而是无奈之举、被迫之举。这一点与以往的研究有所不同。以往的研究常常预设农民们进城是因为赋闲在家、赚钱养家或向往都市生活，而几乎不存在被逼进城的状况。因此，本章将运用田野资料展开这方面的讨论，以期能够补充以往研究的不足，丰富当代中国城乡迁移的研究成果。

若从"仪式"的视角来审视农民工进城就业，本书认为，农民工是处于一种"阈限"（liminality）的阶段。人类学家范杰内普（A. van Gennep）在《通过仪式》中强调，群体之间的转换或从一个社会情境过渡到另一个社会状态可以视作一种具有生存意义的仪式。在他看来，所有的通过仪式都包括三个阶段：分离、阈限和聚合或重新进入。

值得注意的是，特纳（Victor Turner）在"通过仪式"的基础上进行了拓宽和发展。他认为仪式的阈限阶段具备超结构（extra-structural）的社会属性，并称之为"共态"（communitas）。● 在这种状态下，社会的结构性力量减弱或消失，所有的仪式参加者彼此间的差别消失，变成地位平等的一员，完全服从那些仪式长老的安排。可见，仪式具有鲜明的"过渡性"（transitional）特征。这种卡在"门槛"上的人们在没有结构性地位、没有财富特权，人人平等的情况下生活。

实际上，特纳所说的"反结构"（anti-structure）的"反"有两

● 本书使用邵京先生的翻译，将 communitas 翻译为"共态"。有些书上则翻译成"交融"，详见黄剑波、柳博赟翻译的《仪式过程：结构与反结构》，中国人民大学出版社2006 年版。

层含义：自愿的和非自愿的（邵京，2007）。有些人出于自愿，主动陷于门槛上以规避严密的社会结构。例如，修女主动放弃了世俗生活"嫁给"了上帝，而和尚尼姑弃离红尘一心向佛。但也有些人是被迫陷入结构性局外人状态，本章所呈现出来的主人公们便是一例。全球化引发深刻的社会变迁和就业结构的调整，使原本务农的人们被迫卷进工业化的浪潮之中。徘徊在临界状态中的他们，即使想跳出权力压制的空间，但他们始终没有足够的力量。假以仪式，我们观察到进城打工的农民工处于何种"共态"这一具有过渡性特征的超结构现象。因此，阈限的研究视角为我们打开了一扇窗户，让我们得以窥见当代中国农民工的现实情形。

第一节 城市化中的"垫脚石"❶

卫东是一位来自苏北某城市郊区的失地农民，出来打工已近四个年头。四年前，五口之家的他拥有数亩土地，地里种着一些自家食用的粮食和蔬菜。农闲时，他开着电动三轮车去车站接送乘客，生意还算过得去。若是家里有什么事情，他也能及时赶回家处理照应。妻子照顾上学的孩子和年迈的公婆。七十多岁的老爹老妈含饴弄孙，以享天伦之乐，一家其乐融融。

然而，这种安宁的日子却被一场声势浩大的城市房产建设打破了，他家的房子被拆除了，土地被征用了，得到的补偿难以使他购买到一套像样的商品房。卫东只得东拼西凑，才勉强把房款的一半凑齐。令他揪心的是，七十多岁老父亲母亲因年老腿弱，不能上楼居住。卫东又得为此花上数万元，在他的住宅楼后面购得一间26平方米的小平房作为两位老人的临时住所。从此，原本和睦团聚的大家庭被无情地分开了。

---

❶ 本节内容即将以题为"中国的城市化与失地农民"在《中国研究》刊物上发表，将由社会科学文献出版社出版。

拆迁征地使滋润小康、温馨和睦的家庭变得动荡不安、负债累累。他和妻子只得选择出来打工，才能把借来的数十万元的债还上。像卫东一样，在农民工劳务市场里，遭遇到同类事件的人不在少数。平心而论，这些真实的现象，并未让我因为当地的经济发展而欣喜若狂，也没有因为畏惧那些无视民众利益的强权而裹足不前。恰恰相反的是，这给我提供了重新认识在当代中国现代化和城市化过程中人类痛苦与煎熬的全新可能和绝好机会。

1978 年底，在面对毛泽东逝世后的政治混乱和经济长期停滞的双重困境下，中国共产党做出了经济改革的重大决定。其结果是，中国结束了一条自我封闭的发展道路，以积极的姿态进入并融合到全球市场中来。三十多年的改革开放让当代中国成功地保持着经济高速增长的势头，并大幅度地提升了国民的生活水平，走上了一条自称为"有中国特色的社会主义道路"。实质上，这是一条利用经济手段来解决诸多社会问题的路径。然而，20 世纪末的亚洲金融危机似乎打破了这种经济主义的神话，亚洲各国的经济政治受到了严重的冲击，中国当然也不例外。

但是，中国通过基础设施建设来拉动内需，也包括了城市基础设施建设，依然使经济增长率达到了 7.6%，在世界上一路领先。无论城市大小，它们的中心和周边地区城市化建设，至今依然呈现一片欣欣向荣的繁忙景象，尤其是投资房地产业的高回报吸引着大量的资本对土地资源的渴求。这种意愿与政府崇拜 GDP 和地方财政需求不谋而合。然而，正如《资本论》所描述的欧洲圈地运动的情景，资本家们将农民的住宅、谷仓、马厩等统统夷平，将广袤的农田改成饲养绵羊的牧场，百姓及其家属被从自己的土地上赶走（马克思，2004）。凡在城市规划所涉及之处，农民们的耕地被征用、住房被拆除，然而"提供给农民的补偿通常仅相当于土地价值的一小部分，而土地则被政府官员转手给开发商"（哈维，2010：169）。

市场经济将作为自然资源的土地与人类的制度孤立出来，并形成一个土地市场，这种做法对于波兰尼（Karl Polanyi）来说是不可思议的。因为他认为"土地为人类的生活提供稳定性；为他提供栖身之所；是他生理安全的条件；也是风景和季节"。在传统意义上土地和劳动力是分不开的，自然和生命是紧密联系在一起，并与社会制度和风俗习惯形成一个整体。如果"将土地与人分离，并以满足不动产市场需求的方式来组织社会，这正是市场经济乌托邦理念中不可或缺的一部分"（波兰尼，2007：152）。

虽说如此，但受到自利性动因驱使的当局利用对土地资源的高度垄断，抓住中国城市化发展的难得机会，将房地产等相关方面的投资当作公共行政的重要内容，以此获取 GDP 的高额增长，增加政府的收入并彰显地方政府的政绩。而且，在这一过程中，政府利用土地所有权"合法地"剥夺农民的使用权，积极主动地动用强制力量来为资本开道，并提供优厚的条件满足投资者利益最大化的欲望。导致的后果是，集体的土地被轻而易举地转到个人的名下，公有财产不动声色地"合法"流失，并为私人所拥有。这些被某些学者称为"败家子式"（程延，2004）的发展理念和实践在中国这片古老而又年轻的大地上随处可见，且一刻不停地持续演绎着，其结果是制造出大量的失地农民这一群体。他们的生活秩序被打破，生活来源被阻断。

如同部落社会中的群体，在面临种种境遇时举行仪式一样，迅猛的城市化和社会急剧的变迁令底边的失地农民紧张与忐忑。整个社会变成了仪式的大舞台，失地农民离开了世代居住的家园，无奈地被塞进了"阈限"里，动弹不得。在卫东的带领下，笔者踏上了去他苏北老家的大巴。当进入该市地界时，整片的工业园区和一幢幢的商品住宅楼吸引着我的注意。抬头望去，工业园内的厂房正在修建，道路还在铺筑，绿化带还在种植。紧靠工业园区的一排排商住楼拔地而起，但看上去也刚刚竣工。有些还在施工，建设的场面很是繁忙热闹。看起来，该市正日新月异地向着现代化的城市高歌

猛进。然而，当我来到卫东原来的农村老家时，眼前的景象击碎了
我那尚徜徉在一片繁荣、祥和中的美梦。几年过去了，曾经的田地
家园化作的残垣断壁、一片狼藉之景象依然可以找到痕迹，几只野
狗还在历史的记忆中不断徘徊。

图 3-1　被拆迁的村庄

　　"在国家日益严控的土地政策下，一些地方打着各种冠冕堂皇的
旗号，为滥占地乱征地披上合法外衣，套上新的光环"（武勇、杨玉
华，2010：44-46）。这些城郊农民的房屋拆迁补偿价格仅为500-
600元/平方米，而土地则以每亩2.2万元被政府征购，进而转手给
开发商盖楼或工业投资者。这正如哈维所言，"市镇领导经常通过与
外国投资者或开发商协商决定市镇土地和资产的实际产权，这些权
利随后被批准归后者私人所有，实际上是把公共利益圈给少数人"
（哈维，2010：169）。通过行政手段以相对低廉的价格，政府将农民
的住房拆迁、土地征购，把农民从耕地上赶出去，然后再以相对较
高的价格出租或出售给资本集团。这种方式被一些学者称作"中国式
的圈地运动"（许晶华，2000；左晓斯，2006；林兴初，2007）。

当下中国的城市化，拆迁和征地成为解决土地资源紧张的最有效手段。毋庸置疑，城郊的拆迁和征地必然剥夺农民的居住权，侵占当地农民的切身利益，迫使他们在城市化运动中承担本不该由他们承担的巨大代价。在拆迁前，卫东父母亲和他们一家三口居住在同一个屋檐下。虽然"在今日的家庭中，核心家庭及其成员的幸福才是人们关注之所在"（阎云翔，2006：240），但祖孙三代的同堂生活给卫东的一家增添了几分温馨和保障。日子虽不是富足红火，但也算得上滋润安宁。

现如今，中国式拆迁却将这一切都搅得分崩离析。三口之家暂时住上了还没有付清贷款的商品房，老父亲母亲则另外住进了房顶漏雨、夏季洪水倒灌之低矮狭小的临时安置房，整个家庭不仅欠下了一大笔债务，而且生活的成本也大幅度提升，夫妻俩只得抽身外出打工，从此三辈人天各一方。更令卫东揪心的是，小孩的教育无人监护，两位老人的生活无人照料。在当代中国，尽管由于将主要精力放在了经济和政治的关键层面，国家对于私人生活的控制逐步减少，但是就某些方面而言，国家力量的影响还是很大，也造成了一系列普遍的社会问题，比如老人的赡养和子女的教育等。

一方面，房屋被拆迁、土地被征用，而提供给农民的补偿却少得可怜。另一方面，征来的土地被政府官员转让给开发商。随后，大片土地和资产的实际产权被"合法化"地归后者私人所有，实际上就等于把公共利益圈给少数人。拆迁、征地、转让、开发直至售卖或建厂的游戏中，农民的利益是唯一被剥夺与侵占的，而投资者和政府则是利益的丰收者。在这场不平等游戏中，政府主动充当了交易的中间人和利益冲突的仲裁者。倘若我们可以从空间角度来理解这些问题的话，那么作为这场游戏的发起者和主导者的当地政府，为追求高额的 GDP 和巨大的财政收入，不惜将农民从本属于他们的空间里驱逐出去，迎来能够创造更多"财富"的资本集团，亦即在这场争夺空间的斗争中权力与资本连手，"合法地"将毫无话语权的农民们彻底打败。

在经济全球化与城市现代化的高歌猛进中，主体对空间的争夺会变得异常激烈，因为空间包括土地、地底、空中甚至光线，作为一个整体在进入特定的生产模式后，便被当作一种宝贵的生产资料，如同在工厂里的机器一样在生产中被消费，产生剩余价值（列斐伏尔，2003；2008）。因此，在这种空间的转换中，土地被商业化、碎片化，并被一部分一部分地出售。而失去土地的农民"就要变成这样一种人，他们必须为别人劳动才能维持生活，而且不得不到市场上去购买自己所需要的一切"（马克思，2004：834）。城市化过程中产生的无数失地农民辗转各地打工，煎熬着漂泊的生活。

第二节　光棍、离异和丧偶者

卫东等失地农民们的遭遇是城市化扩展的结果之一，势单力薄的他们无力也无法改变这种状况。在打工热潮的冲击下，卫东等人只有选择外出务工才有可能摆脱目前的困境。然而，劳务市场里还生活着大量光棍和离异者。他们的到来，说明了劳务市场还是一个婚姻问题、家庭问题的最终聚集地。

老潘是一位来自河北西柏坡的 48 岁的光棍。他从小就没了母亲，曾经有两个哥哥，大哥在 40 岁时得病去世了。二哥后来成了家，但遗憾的是二嫂比较凶悍刻薄。老潘以前在家乡平山县的一家化工厂做临时工。2000 年前后，工厂改制被卖给了私人老板。老潘就在那次改制中被辞退了。失业之后的老潘成为二哥家支使的免费劳动力，一天到晚起早贪黑地干农活。即便这样，老潘还常常遭到嫂嫂的白眼与辱骂。这种"代内剥削"让老潘忍无可忍。终于，老潘不堪长期受虐待的不开心的日子，毅然决然地只身外出打工，以期赢得人格尊严和生存空间。

据老潘讲，刚离开家根本不知道往哪里走，不知道去什么城市，不知道如何乘火车，也不知道找什么工作。后来，他听别人说石家庄有活儿，便不假思索地去了。他在石家庄做了一年多的建筑小工，赚到了人生中最多的一次工钱。虽然还有一部分工钱因为包工头的消失而未能取得，可无论如何，老潘内心还是十分高兴的。那时，他整天生活在充满浪漫主义情怀的美梦之中："那时候，我成天想着赚钱、赚大钱。第一件事给父母亲修坟，是他们保佑了我能赚这么多钱。第二件事就是找个女人做老婆。"

然而，老天常常喜欢捉弄人。接下来的几年中，老潘打工收入状况欠佳，而且还经常处于长期待业状态。前年夏天，他在天津的火车站听别人说这里有个劳务市场，而且该省的经济发达，工钱也开得很高。于是，他毫不犹豫地一路南下来到了劳务市场。刚来时他还能接上几个活儿，诸如砸墙、换门、清理建筑垃圾等，收入还算过得去。然而好景不长，老潘发现他自己越来越难找到工作了，因为雇主们都嫌弃他年老体弱。

事实上，老潘的年龄并不是真的大了，而是显老的长相使他陷入了被动的境地，这也折射出资本力量的挑剔。在经济学领域，一些学者对就业歧视给予了充分的研究。他们提出了四种劳动力市场歧视理论，分别为歧视的市场竞争理论、歧视的垄断模型、统计性歧视理论以及前市场歧视理论（姚先国、谢嗣胜，2004）。这些研究给我们提供了有益的启发。然而，社会学界所提出的观点与经济学的有所不同。一些研究者认为，经济学中的歧视偏好理论在我国并不一定适用。他们认为，对农民工的用工歧视是由于历史、文化、政治等因素造成的，从本质上讲，是一种制度性的歧视（周小亮，1994；胡学勤，2007），蔡昉（1998；2000）也持有类似的观点，他认为中国的劳动力市场是一种二元格局下的区隔性市场。鉴于农民工对城市职工的就业形成了竞争，地方政府便出台一系列具有歧视性的就业政策，以确保城市居民优先就业。

老潘由于长相、年龄的问题在就业应聘中屡屡受挫，但生活的压力让他喘不过气来，只好节衣缩食咬紧牙关勉强度日。对于老潘来说，回家是一种奢望。前年春节，他好不容易攒了一点钱回家过年。令他意想不到是，他父亲遗留给他的两间房子由于年久失修而倒塌了。当初分家时父亲留给他的二亩林地也被嫂子变卖了。过年时，老潘暂住在二哥家，可他才住了几天，却又被嫂子挤兑出来。后来，已经成家立业的侄儿见他可怜，就带他回自己家住了半个月。

但老潘始终觉得给侄儿造成了很多麻烦，于是他在大年初四的早上离开了老家又回到了劳务市场。因为老潘觉得，只有这个地方才真正属于他。这种强烈的地方感来自长期与劳务市场地景的互动。段义孚（Tuan Yi Fu）曾指出，地方感是人的情感与地方之间的一种深切互动，是一种具备文化与社会特征的人地之间情感关系（Tuan，1974）。劳务市场及其周边的人文地理环境，让已经在此生活多年的老潘产生了强烈的归宿感与依附感。这种特殊的情感体验已经内化于每一个在劳务市场人的内心，成为自我认同的一个有机组成部分（Fritz，1981；Tuan，1977）。

事实上，老潘的要求并不高，只想找个无须技术的体力活儿，每月只要 1000 元左右的收入。他并不奢望雇主帮其缴纳养老、医疗、失业、工伤等社会保险。他的想法很简单，再让他打工十年攒点钱，回老家安享晚年而已。但严峻的就业形势和种种歧视令他长期处于待业状态。每天他只肯花两块钱的生活费——买两个大饼充饥。生活虽然很是拮据，但他为人依旧实诚憨厚。他的老乡告诉我，"他从来不让别人请他吃饭，也不吃别人请的饭。他如果借了别人的钱，打工挣钱后的第一件事就是还债"。

在我跟他接触的日子里，老潘如同祥林嫂一般，不断地向我诉说着他的不幸与悲哀，"我就这命，怨不得别人"。他也常常请求他的平山县老乡老贾，"不如死了算了。这里暖和，死也要死在这里，不死在北方。我死后麻烦你给我多烧点纸，让我在下面好过些，别让我再受阳间的苦了"。

作为一个光棍，老潘的身份在家庭内遭到歧视和排斥。事实上，光棍的产生有其深刻的社会原因。有学者认为，生育偏好引起的性别比例失调是最大的自变量因素（李树拙，1998；王宗萍，2003；陈友华、徐愫，2009；孙淑敏，2010），其产生的后果是深远的。由此引发的婚姻挤压以及其他的社会问题，诸如代内剥削、妇女身心健康问题、家庭暴力、妇女拐卖层出不穷（陈友华，2007；陶自祥，2011）。

因为没有了传宗接代的机会与可能，所以他的哥嫂将他当作自家的一个附庸和工具，为他们劳作积累财富。家嫂的欺凌逼着他出门打工，但令老潘感到失望的是，外面的世界并非如他所憧憬的那样完美。屡屡受挫的老潘只好挣扎在给他最后一线希望的劳务市场上，落得个苟且活命的境地。

与老潘年龄相仿的阚先生，也在劳务市场上待了七八年了。与老潘不同的是，阚先生结过婚，并育有两个儿子，两个儿子现已长大成人。据阚先生说，他的大儿子和儿媳在无锡上班，小儿子在上海打工。至于他为何来劳务市场，这得从他在安徽某一铁路分局机修组工作时说起。

那是在20世纪80年代末期，他有幸成为机修组的一名年轻工人，每月拿着五六十元的工资，生活充满着无限的光明。前来他家说媒提亲的人络绎不绝。他父母亲帮他认认真真地挑选了邻村治保主任家的二女儿。据阚先生说，她是一个善良纯朴的姑娘，还没有订婚，便主动积极地为他做衣服、纳鞋底。可阚先生偏偏就是不喜欢，因为他已经有了意中人——一个在车站卖零食和快餐的城里姑娘。为此，他曾跟父母亲大吵了几次。最终他的父母向他做出妥协，阚先生如愿与城里姑娘结合在一起。

然而，天有不测风云。阚先生在1996年被迫下岗了，成为了几千万失业工人中的一分子。失业后的他整天过着借酒消愁的生活，怨天尤人、一蹶不振。更令他伤心的是，老婆因他失业天天跟他拌嘴吵架，最终两人对簿公堂。法院宣判夫妻双方各抚养一子：阚先生负责大儿子，他老婆负责小儿子，但他老婆并不愿意抚养小孩，就在法院宣判的一个月之后，他老婆丢下小儿子只身离开她曾经生活了十年的家。

说起这段往事，阚先生感觉一切仿佛就在昨日，情不自禁地在我面前流下了辛酸的眼泪。他后悔地对我说，当初如果听从了父母亲的意见，事情也许不至于到妻离家破的悲凉地步。为了承担抚养两个儿子的重担，阚先生先后赴汕头、广州、厦门、三明、温州等地辗转打工。尽管如此，现实的生活压力仍然很大，无法承担起抚养两个儿子的重担。于是在族中长辈见证之下，他无可奈何地将小儿子过继给了堂弟家抚养。

当问及何时回过老家时，阚先生艰难地摇了摇头，"已经七八年没有回去过了"。据阚先生说，2004 年清明时节回过家，那时候的情景仍历历在目。他家虽有三间瓦房，但上次回家看到房上的水泥瓦片开始分化，有些都已经掉下来了。墙壁开裂，已经没法住人了，周围长满了一人高的野草。之所以不选择回家，是因为父母早已过世，老家也没什么人了。他总是觉得回家也没什么意思，也不想回去。再说，他也没有赚到大钱，回去的话会被村里人看不起。现在年近五十岁了，他还坚持在城里打工，就是为了能多挣点儿养老的钱。他不想拖累儿子，给儿子添麻烦，因为他认为儿子的钱毕竟是儿子的。到年老的时候问他要生活费的话，还要看儿子的心情和脸色，所以他不愿意那么窝囊地活着，"只要你愿意干，至少劳务市场不会让你饿死，还可能让你挣点儿"。

乐观的阚先生认为劳务市场还不至于那么无情，仍然存有一丝希望。对他来说，不管外面风吹浪打，劳务市场始终是他心安的港湾。三年前，阚先生在工地干活儿，不小心被钢模砸断了肩胛骨。包工头送他去医院看病，除了药费外，还给了他 2000 元营养费。阚先生拿着钱也没有回老家休养生息，而是直接回到了劳务市场，打着绷带在这里来回晃悠。等肩胛骨刚愈合，他又马不停蹄地开始接活儿以维持生计。当被问起今后打算时，他倚在墙根儿，仰望着昏暗的天空，冒出一句话，"想找一个女人陪陪我，可心有余而力不足啊！"接着，他长长地吐出一口浓烟，狡黠而无奈地冲我笑笑。

上面提到的是关于两个男性农民工的故事，他们一个是光棍、一个因为离婚而走上了外出打工之路，他们的经历让我心里感到沉甸甸的。这不得不让我产生一种好奇心：既然男性有这样的遭遇，难道在劳务市场中的女性就能逃脱吗？一般而言，女性的就业机会要比男性的少。虽然就业结构的变迁让更多的女性农民工参与工作，但市场转型削弱了对性别平等的制度支持，并在城市的劳务市场中加速了性别的离析。由于劳动分工、生产成本、文化偏见、教育培训、健康保健等方面凸显的性别不平等，女性农民工不能获得与男性同等的条件。

另外，她们的经济收入、赋权、机会、能力以及安全感等面临着更大程度的体制性障碍，陷入就业困难的几率增加。尤其是在社会的转型期间，优势职业岗位对女性提出了更高的人力资源要求。因此女性往往会承担更大的来自社会、市场等的压力（郝大海、王卫东，2009；侯静娜，2006；刘璞，2010；张抗私，2009；C. Cindy Fan，2000、2002、2003、2008；Huang, Youquin, 2001；Liang, Zai, et al, 2004；Roberts, Kenneth D., 2002）。更何况是来自农村的、没有良好教育背景的、没有一技之长的中年妇女呢？

阿凤是一位来自淮安的农民工。中年丧偶的她种完今年的麦子后便来到劳务市场找工作。见到她的那天，她穿着草青色上衣，黑色裤子，脚蹬一双解放鞋。报刊亭的老板跟笔者说，"你看到那边一个女的吗？她叫阿凤，去年这个时候来过，今年又来了。去年她还不错，找到一个小餐馆，干些洗碗、洗菜的活儿，挣了点钱就回家过年去了"。

据报刊亭的老板讲，阿凤总是托他帮忙找个对象，但他都没有

图3-2 劳务市场旁边的报刊亭

答应。因为他听阿凤对别人说，自己有妇科病，只要有人愿意帮她医好妇科病，她就跟人家走。报刊亭的老板感慨道，"这个年代，这把年纪了，谁还会要她呀？这里的农民工自己都顾不上，还帮她看病？有钱的人去找年轻的，也不会看上她呀！"报刊亭的老板一次清晨去领报纸，碰巧撞见阿凤和一个老头睡同一张席子。他说他看到时都觉得有些害臊，不好意思地想躲开阿凤，但他实在躲不过去便搭腔了。阿凤心慌地对他说，她的席子没有了。毕竟还是那个老头儿诚实忠厚，说她非要挤在一起。

我在跟阿凤交流时，发现她很焦虑忧愁却又一脸茫然。她告诉笔者，家里的冬麦已经播种下去了，田间的农活也没有什么要忙的。她在家里闲得心里发慌，便从家里出来打工。而且，她还强调出来打工都是隐瞒着儿子儿媳偷偷地溜出来的，否则儿子儿媳会责怪她，不放心她出来打工。在阿凤看来，儿子还算懂事，初中没毕业就去浙江打工了。但毕竟她的老伴儿死了好多年，总感觉自己一个人过日子太艰难。在跟笔者说话的间隙，她还时不时地插上一句："老板怎么不来呢？死绝了吗？找不着活儿咋办呢？"

事实上，外出打工已经让她成为脱离传统制度约束的自主女性。对阿凤而言，打工一方面可以增加家庭的收入；另一方面，也是更为重要的，那就是有机会遇到一个愿意资助她瞧病的好丈夫。阿凤的内心中依然怀揣着"二亩地，一头牛，找个老公暖炕头"的朴素梦想。否则，阿凤怎么能说出"有老公谁还会出来呀！"的话呢？

第三节 走为上策的"同志"们

来到劳务市场求职的农民工中，不仅包括上文提到的失地农民、光棍、离异者等人，而且还有为数不少的同性恋者。他们的到来也许并非只为了打工赚钱，而是试图过上一种有尊严的生活。

据社会学家李银河的研究，很多同性恋者过着封闭的、隐形的、孤寂的生活。他们因为自己是一个同性恋者而感到内心的痛苦与煎熬。这种隐秘的感受并不一定来自于罪恶感、病态的性心理，而往往源自于其对生活社区中的社会规范的恐惧（李银河，2002：337）。来自社会、文化的力量令他们过着压抑的双重身份的生活。泰勒曾认为，社会的文化是一个复合体，包括知识、信仰、艺术、道德、法律、风俗以及一切与人类实践所获得的能力与习惯（泰勒，1992：1）。这些因素在很大程度上影响并决定了浸淫于其中的个体或群体的观念、价值和行为规范。

中国传统的主流文化注重家庭、讲究孝道。"夫孝，德之本也"就是这种伦理价值的体现，而孝的最大追求便是能留有传宗接代、继承香火的后嗣。所谓"不孝有三，无后为大"是传统社会一直恪守的警句。同性恋的出现对传统意义上的婚姻家庭模式、性别角色提出了挑战。同性恋者与众不同的生活方式和行为，常常引起熟人社会中人们的偏见、误解、厌恶、排斥甚至仇视。因此，他们无法忍受歧视和排斥，趁着外出务工的大潮，远远地摆脱了熟人社区的传统羁绊。

来劳务市场之前，大孙是推销"亮甲"产品的销售人员。"亮甲"产品是一种专门治疗灰指甲的药物。正因为做过推销员，所以全国各地他都去过，趁机游玩了不少地方，也因此养成了他懒惰的性格，直到现在他不太愿意去找脏累苦的活计。我跟他聊天，内容终究逃不过全国哪个地方去过，哪个地方好玩之类的。不过，有一天他注意到我正在往笔记本上记录什么，便八九不离十地猜出了我并非农民工的身份。我觉得调查要做到坦诚相见，也没有必要做什么掩饰。于是，我透露了我作为一个研究者的身份。如此，他才将他真正的面目在我面前显露。之所以肯跟我交流，按照大孙的意思是"你们知识分子水平高，应该能理解我这样的人"。大孙究竟是什么样的人呢？他指的"我这样的人"到底是属于一个什么的群体呢？❶

经过长时间的攀谈，大孙自己向我讲述了他的故事。

"别人，特别是农民工，都不能理解。但你是个知识分子就能理解。"

"小时候穷嘛，都光屁股睡觉。兄弟几个一张床，乱搞乱摸的。那时也不懂。"

"24 岁那年，我在西安碰到一个 50 多岁的男的。那时他买衣服给我、请我吃东西。每月还给我很多零花钱。但是，我 26 岁那年就跟他分手了。"

"几年前我就来到了这里。这里有个叫翰××浴室、××园浴室，还有野××酒吧。刚去也不知道，我一进翰××，好多人都向我扑来，因为我胸毛浓密，给人感觉很有男子气概。一些人不知道怎么知道

---

❶ 李银河曾指出，同性恋现象的复杂性和目前社会对其的态度，令研究者无法采用随机抽样的方法收集资料。同性恋者本身的隐蔽性和直人感觉体验的间接性都增加了探究他们内心心理的困难（李银河，2002）。因此，在本章中，直接将报告人的话语呈现出来，希望能真实地反映同性恋者的内心世界，以避免由于转述而产生的信息失真。

我的，直接来安德门这里找我，接我去他家。有的很有钱，还要包养我，我不干。有一次，一个老板叫我去他那里。我去了之后才发现他家里已经有一个年轻人了。但老板对我说，我们玩我们的，不要理他。完了之后，我还跟那个男生说了对不起。我知道他心里一定很难受，就像家里的老婆见自己老公带了一个女人回来睡觉一样。第二天早上，他开车送我回劳务市场，还给了我两百元钱。那不是嫖资，那是给我的饭钱。"

当我问及为什么不去打工赚钱时，他得意地说："我这个人就是喜欢玩，玩心太重了。天南海北地旅游，都是人家请的。有时我也想跟着他们出去打工，赚点钱。但是我的身体不好，常常没有力气。再说赚那么多钱干吗呀？我又不想结婚。"

"像我这样的一个人，四十多岁就会死掉。因为我们家有一种基因遗传病，是白血病的一种。我的父亲、伯伯、叔叔都是因为这个死的，一个也没有逃脱。我遗书都写好了，放在我朋友那里。上面有一项就是要把器官捐献出去。所以，我不停地玩儿，直到死掉。"

"我不太喜欢玩女的，但是偶尔也有过。玩女的不是要我的钱吗？我跟男的在一起，既满足了又能挣钱。你说哪个合算呢？"

大孙站在报刊亭旁边对我说："市场里大约有五十多个同性恋者，他们都不好意思承认自己是同性恋。我可以现在就给你点出几个来。你看到穿棕色衣服，上面带有黑毛领子的那个老男人了吗？他是1。有个小伙儿是他的老乡，也是他的一个伴侣。小伙儿被他害苦了，人家家里因为小孩被他带坏了，恨死他了。现在两人都不敢回老家，在外面租房子。两人打点工，凑合着过日子。"

"市场里一些二十多岁的年轻小伙子，因为自身生理需要都被带去乱搞，而且不想带套。这样很容易染病，去年不是就有一个得艾滋的死了嘛！"

"出来之前，村里的人发现我是同性恋后，处处为难我，嘲笑我，看我就是一个怪人，远远躲着我。难受啊！"

"记得有一次，过年前水库捕鱼分嘛。按照份子我也是有的，而且很多。因为我的地围着水库很多，面积越多分得就越多嘛。后来居然一条鱼也没有，我就去找村主任，主任当时的回话我至今还记得，他说，'给你吃也没用'。我说，'我也是人，怎么没用了?'他说，'拿镜子先照照自己。'"

"因为家乡思想观念保守，村里小孩说我是个长了鸡鸡的女人。那些婆娘见了我都笑，还有人大骂我是鸡奸犯。""我实在是没法儿在村子里待下去了。你根本无法儿理解我的体会⋯⋯只好跑到劳务市场来了。"

由于同性恋者的行为和欲望为传统社会所不齿，主流社会不少人对同性恋者多有排斥态度，致使他们内心常常陷入痛苦当中。来自传统社会的排斥和同性恋者自身的"异化"形成了一个结构化的过程，不断地构筑着社会性的边缘群体。由于文化环境以及人们的观念的不同，这些"酷儿"在当地受到了相当的误解和排斥。他们的存在是对既往传统一夫一妻制和生育观念的挑战。这深刻说明了主流社会对同性恋的生活方式的恐惧更胜于同性恋行为本身。

此外，在田野工作中，除了碰到这些性取向与常人不同者外，还有一些刑满释放者。国彬就是其中一位。若干年前，他因收取高昂的婚姻介绍费，在一次"严打"中被指控为贩卖妇女罪而入狱。九年的牢狱之灾令他发现，自己已经融不进以前的熟人社会了。为了避免村民们在背后指指点点、窃窃私语，为了避开强加在他身上的污名，他只好选择离开。

戈夫曼曾指出，污名的产生是由于主体具有某种社会不期待的受损的身份。这种身份影响了主体在社会中的地位，也剥夺了其社会信誉和社会价值。实质上，污名就是社会给另类的主体贴上了侮辱性的标签，并在日常实践中不断地控制、撕裂他们，致使他们感到自卑、耻辱甚至犯罪感（Goffman，1963：1）。由于故事中人们的特殊状况和行为，他们被贴上了侮辱性的标签。"污名"的力量让他们产生了羞愧感，并导致了他们受到不公正的对待。他们无法继续待在村子里，只好走上这漫漫打工之路。

第四节　非自愿的"反结构"

特纳在范杰内普（A. van Gennep）的"通过仪式"理论的基础上进行了拓宽和发展。他认为仪式的阈限阶段具备"反结构"的社会属性，并之称为"共态"。在这种状态下，日常生活行为和规范都会受到颠覆社会性与逆反仪式性的行为的挑战。实际上，特纳所说的"反结构"其实还含有"非自愿"的一面。那些群体或个人是被迫陷入结构性局外人状态，本章所呈现出来的故事便是明证。

无论是因城市化而失地的农民，或者离异者、单身汉，还是受到歧视的同性恋者，他们被迫离开生他养他的故乡，夹杂在滚滚的打工大潮中涌向城市。由此可见，外出打工不仅仅能给他们带来一些经济收入，更重要的是提供了一条逃避现实困境的最优途径。否则，经济拮据、生活动荡、家庭矛盾、家庭暴力将可能时刻与他们相伴，压力之下的他们也许将面临长期的折磨、煎熬，甚至走向自杀。

曾有研究表明，农村女性、特别是有家庭问题的女性迁移到城市对她们自杀风险的规避有相当的益处（何兆雄、David Lester，1997；景军等，2010；张杰、景军，2011）。而同性恋的自杀也跟家庭、社区的不公正对待有直接的相关关系（李慧静，2010；王毅等，2011；曾春娥，2004）。劳务市场上这些底层边缘农民工的出现，是在强大的社会压力之下，实施的主动积极的理性行为。从某种意义上讲，另类、边缘、底层的他们，有点类似于福柯意义上的疯癫者，只不过福柯笔下的个体是消极地被遣送出去的。

上面故事中的主人公们被社会或驱赶、或歧视、或抛弃，无不深刻地反映了急切现代化建设这服药剂的过敏性副作用。这种状况并非是完全因为贫困或过剩的劳动力（Crolland Huang，1997；Wu，Harry Xiaoying，1994；Mallee，1996；Du，2000；朱泽，1993；周其仁，1997；袁亚愚，1995；宋林飞，1982；宋林飞，1996），也不是严重的城乡分化所激发的消费性欲望、摆脱传统成为现代人的社会性欲望所能解释的（潘毅，2007；朱虹，2008；杰华，2006），而是传统文化、周遭的眼光、城市化建设、体制政策和资本力量共同作用的结果。

他们就如同玛格丽特笔下的不符合特定分类系统的人，被认为是对"正常"秩序的冒犯者。在乡村，他们因种种原因被挤压、排斥、驱逐；经历背井离乡的痛苦体验，他们好不容易进城打工，却又成为城市社会管理、规训的对象，扣上了低素质的污秽的标签。因而，无论他们身处何方，他们都是属于威胁秩序的人，都是要被推向"远方"的群体。虽然他们生活在同一片天空之下，但是他们的天空始终的灰色的。地方政府政治性地介入对农民工的压榨与剥削，并进行劳务市场的规划与重组，以期更好地实现对流动人口的社会控制，为国家的 GDP 贡献力量（王华，2011）。

很明显，全球化引发深刻的社会变迁和就业结构的调整，令他们无奈地外出就业，成为了打工一族。城市的管理者利用户籍制度把进城的外来者加以限制，将他们污名化为素质低下的群体。正是在这个意义上，农民工群体从事着"险、脏、苦、累"的工作，处在"招来挥去"的弱势地位。与此同时，他们却无法获得城市合法定居的权利，也享受不到与城市居民同等的社会福利与服务的权利，变成了一群永远卡在"门槛"（liminality）的"阈限人"（laminar）。徘徊在非自愿性的临界状态中的他们，即使想跳出来，社会结构压制的空间也令他们始终无法动弹。

门槛之外
——城市劳务市场中的底边人群

第四章 劳务市场内的日常生活

在 上一章中，我讨论了劳务市场里的部分农民工进城打工的原因。当然，我并不否认因为经济上的贫困、农村劳动力的过剩，以及严重的城乡分化所激发的消费性欲望等因素对农民工外出打工所起的推拉作用。本书的意图是除了这些因素之外，我们还应该关注传统文化、村人的歧视、乡村的撕裂、城市化扩张等方面的原因，这些人往往是被迫陷入反结构的状态而成为进城打工的农民工。

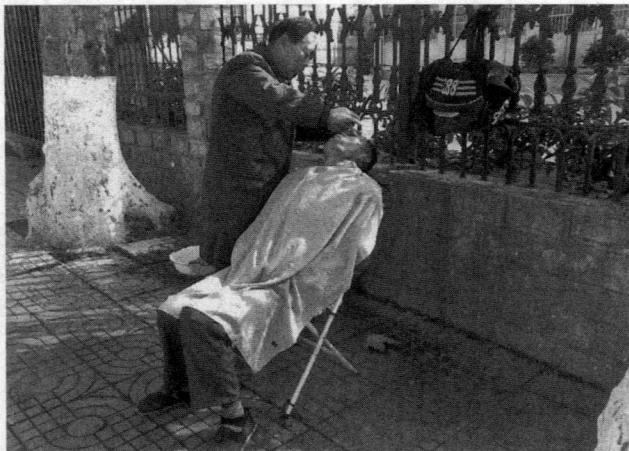

图 4-1 理发匠正在为一位农民工刮胡子

在本章中，我将对劳务市场中农民工的日常生活作一番考察，重点描述他们在应聘过程中或者待业状态下的日常行为。通过这样的记录和刻画，我试图挖掘他们内心的想法和欲望，探索他们在特殊情景之下的角色行为的选择逻辑，以期更全面地理解劳务市场上的农民工。需要注意的是，在本章中，"阈限"一词有两个含义：一方面是从宏观上，将农民工外出就业看成是处于阈限之中；另一方面，专门特指本书的田野地点——农民工就业市场。这是一个处于临界状态的地方，一个农村与城市交接的地方。他们走进来便成为从事非农工作的农民工，退回乡又是种地的农民。劳务市场是一个制度性的空间，即在许多方面成为了隔离和宰制农民工的空间。与此同时，农民工将该劳务市场挪用为生活、消费、娱乐的社会空间，以表达他们对平等公民权的诉求。

当田野工作开启时，我兴冲冲地来到了劳务市场，但只看到了初入田野时跟我聊天的云南小伙子。跟以前相比，他的脸色更加苍白，头发更加凌乱。他的衣服上布满了油渍，身后的双肩包也破了，脏了。我兴高采烈地跟他打招呼，没想到他却非常冷淡地瞟了我一眼。当我跟他聊起他那位整天提着鸟笼的朋友时，他立即对那位"好朋友"显示出极其厌烦的态度。在我田野踩点的时候，他们两个人的关系相当融洽。我甚至还记得这个云南小伙说的"我们俩之间的关系很好"之类的话，同时他还表现出鄙视其他只顾自己不顾朋友的人。现如今，我们没说上几句，他便再也不搭理我。无奈，我继续往前走。走到雨花西路东侧，遇见了被他鄙视的那个江宁人。据云南小伙子说他很吝啬，只顾自己，也不想交朋友。

我走上前去跟他打招呼。他回头反问了一句，"你是谁啊？有什么事吗？"

我非常诧异：今天居然不认识我了。那天他是抽我的"红南京"烟抽得最多的人，而且还要客气地请我吃饭。

我只好向他解释我的来历以及跟他交往的点滴片段，还提起抽"红南京"烟的场景。因为他们抽的烟都非常便宜，很少能抽到红南京。我相信这个事情应该能唤起他的记忆。

终于，他回想起来了，我心里一阵欣悦。不过，随后断断续续的对话让我觉得他很不在状态。最终，他把头扭到另一边去了，摆出一副再也不想理睬我的架势。我感觉话不投机半句多，如坐针毡。

这是我开展长期调查的第一天里发生的故事。他们的反应让我感到震惊和意外。这并不是因为他们已经不认识我的缘故，而是那种冷漠的态度让我觉得难以接受，也许这里面有他们的原因吧。

第一节　中介人员的故事

但凡第一次来劳务市场应聘的农民工，一般都会去职业中介窗口咨询工作机会与工作岗位的情况。他们往往都要经过咨询登记、等待雇主、面试、缴相关费用（包括办理就业证费、照相费、中介费等），接下来跟着雇主去工作地点劳动。我记录下了整个招聘过程。

图 4-2　劳务市场内的各个中介窗口

那是在 34 号职业中介办公室里发生的故事。一位穿戴时尚的女士赶来这里帮她的父亲找一位生活护理工（护工）。经过与职业中介工作人员（以下简称中介）的简单交流后，她便坐在办公室等待应聘的护工。接下来，几个工作人员立即到市场内来回宣传，大声喊道："大老板家找男护工，大老板家找男护工啊……"

不一会儿，很多农民工纷至沓来，跟着中介进了办公室。一些不明情况的农民工也一个劲儿地往办公室里挤。

中介："人家找的是护工。不是的就出去，出去。到外面去，快点，出去！"

看到那些整日在此混日子的"老面孔"，中介大骂："你们这些死不要脸的老油条子给我出去，又懒又挑剔。整天捣乱，出去，出去！"

然后雇主就在中介的陪同下，与应聘护工的人交流起来。

应聘农民工："是多大年龄的老爷子啊？具体什么情况啊？"

雇主："我家老爷子呢，从 62 岁就瘫痪了，现在 67 岁。你去了就辅助他上厕所，洗衣服，喂他吃饭，吃药，推轮椅出去散散心。有时带他去澡堂洗澡。"

"一个月多少钱呢？"

"1500 块。钱不是问题，主要是伺候好老爷子。我们家在本地做工程的，还是很有名气的。"

中介："对耶，就是要把老爷子弄得干干净净的，舒舒服服的。钱不是问题，人家是大老板。"

"包吃包住吗？"

"那当然，我们家吃得很好！睡觉跟老爷子一张床。一旦有合适的人选，协议要马上签订。我们想找一个长期的，没有时间整天烦这个事情。"

听到这里，很多人都打了退堂鼓。有的说不愿意和老头一起睡；也有些人因为还没去雇主家看过实际情况，便要求马上签协议，都不愿意。一时间，办公室只剩下雇主和三个中介人员。

中介为了做成这笔生意，开始劝导雇主："老板大姐，你也是见过大世面的人。现在马上签定协议的很少。最起码大家有个试用期，你试用他，他也要适应你们家庭。你给个试用期，这样双方都有余地嘛。现在护工跟老人睡一张床的情况越来越少了。这个很难。不过，你可以这样，就说一张床两床被子。各人睡各人的，互不影响，床大嘛。"

"你稍等，我们一定帮你找到称心的。再说，刚才那些人没有耐心，找回去了也不能好好伺候你家老爷子，你说是吗？老板大姐，你等一会儿，我马上就能找来。"

不一会儿，中介又找了几位愿意做护工的民工。但是老板大姐却因心急转而到另外一家职业中介去招人了。34 号窗口的中介回来，不见了老板大姐，马上打电话说，"我们几个人帮你辛辛苦苦、勤勤恳恳找来了合适的人选，你干么跑到别家那里去呢？……这几个民工很合适，包你满意，你快过来看看……哎呀，你过来就满意了，快点啦。"老板大姐果然马上从别的中介那里过来了。

这是一位来自盐城的老汉，提的问题都比较专业，也许以前在医院里做过护工。比如，用不用尿不湿？去澡堂洗澡要帮他搓背吗？晚上有没有起夜的习惯？需要不需要帮他按摩活动筋骨？等等。老板大姐一听就觉得这是一个难得的熟练工，很满意，当即定下先试用一个月。试用期 1500 元，以后每月 1800 元。中介见事情进展很顺利，便马上催促老板大姐登记身份证并缴纳中介费，另一个中介则把盐城护工带去办理就业证。

一听说办就业证，盐城护工显得很不情愿。中介便说："办了好处很多。我们把你的资料传上网络。以后有工作岗位了，我们可以直接打电话给你。另外，办了就业证，就可以给你开介绍信了，才能去主家家里工作呀。好处这么多，也不贵，才 10 块钱。而且你马上就要一个月 1800 元了，比我们拿得都多，办一个吧。"在中介的劝说下，老汉掏了 10 元钱交给中介去办理就业证了。

而在办公室，中介人员要求老板大姐交纳 85 元中介费。老板大姐大叫，"以前来招人只交 50 元嘛，这次怎么多了 35 元呢？"

"以前的房价多少？现在是多少？你是搞工程的，比我们要清楚。而且汽油也贵了，菜也贵了，中介费也该涨涨了吧。大姐，你又不是不知道，现在的生意不好做啊！"也许老板大姐真的很着急，遂只是笑了笑爽快地交了钱。手续办完之后，老板大姐领着盐城老汉开车离开了。在劳务市场里，这样的故事每天都在发生着。

然而，在田野当中，我更多地听到或看到中介与农民工之间的关系并非像上述这么融洽，更多的是互相诋毁。这种诋毁对方的具体细节并无深究的必要，但我觉得这诋毁背后的深层原因值得叙述。

"我听说这里的中介不太好，是吗？"

民工们争先恐后地向笔者讲述：

"太黑心了！"

"没有一个好人！"

"全是骗子！"

"只知道收钱。"

……

来自安徽和县的王会计曾在生产队做过会计。他告诉我，那些中介见他是生面孔，就把他拉到她们的中介窗口去。中介人员不要熟面孔，认为那是老油条了，不好对付。如果是生面孔，背着行李，便被拉到职业介绍的窗口，登记、身份证复印，办暂住证，就业证等缴纳一大笔钱，然后坐在凳子上等候。有老板来招聘人了，中介就叫应聘者过去应聘。他刚来的时候，中介就把他介绍去一个纸箱工厂，具体工作是将生产好的纸箱装车。中介介绍说工作不累，管吃管住，一个月1800块。

一开始，老王还想再看看有没有其他更好一点的活儿。中介就努力劝他说，这是他们这几天接的最好的活了。而且中介说见他也很面善，一定是个勤快的好人，才介绍他去的，否则不会给他这么好的机会。于是乎，他略微考虑了一下就答应了，爽快地交35元中介费，按照中介写给他的地址去了。到那里一看，王会计心都凉了。情况跟中介介绍的完全不一样，就是给收购垃圾纸皮的老板干活。纸箱也根本不是新纸箱，全是从垃圾堆里捡来的纸皮，又脏又臭。老板叫他用水洒在成捆的纸皮上，然后一捆一捆地扛上卡车堆好码好。装车时，他走的那个跳板又陡又滑。老王干了一天不干了，老板只给了20元打发他。据老王讲，不是他不勤快，而是那个纸皮又脏又臭，晚上还得睡在那里帮老板看护纸皮。而且他觉得跳板很危险，很容易摔下来。一旦摔伤了，他没有医疗保险作保障，只好放弃这份工作。

第二天，老王回到劳务市场找那个中介，说明她介绍的活儿和实际情况不一样，要求中介退钱。但中介却一反昨天热情的态度，说他没有理解中介的意思，责备老王的理解能力有问题，而且其他的中介也来帮腔对付他。老王没有办法，只好要求见市场的领导。中介把他带到市场的管理办公室。老王进去一看，里面好多五大三粗的人围着他，当时心有点害怕。中介还是在说刚才对他说过的那一番话，老王也辩解了。那些管理人员听了之后，责怪老王好吃懒做，怕吃苦。他们又教育老王，来城市打工，城里人是很欢迎的，但不是来享受的，城里人不是为农民工服务的。好吃懒做的人为什么还出来打工挣钱，趁早回家算了。后来，老王算算前后也就损失了十多块，也就忍忍算了。到2010年为止，老王在这里已经四年多了。据他说，这里面的规则都被他摸透了。

四川男青年小贾也向我讲述他的求职经历，让我们了解到有些不良中介会联合他的朋友来骗民工的中介费。当年，他刚来这里就碰到了。小贾从绵阳来南京找工作。那时，中介给他介绍了一个待遇高、干活儿不累的长期工作。小贾很高心地按照中介给他的电话号码和大概的地址去找公司。中介嘱咐他吃了午饭之后，在等老板下午上班了再去比较合适。中介又交代坐哪一路公交车去，到底站之后，再给老板打电话。下午，他按照中介的意思兴冲冲地跑过去，到了公交车底站就马上给老板打电话。老板却说他们那里已经找到人了，不再需要了。小贾又坐车回劳务市场找中介，但是他们三点多钟就下班了。

没办法，小贾只好明天再找中介，因为中介向他承诺：只要是交了中介费的，两天之内找不到工作，可以免费再介绍。第二天，中介又给他一个工作机会，叫他赶快去。小贾急忙坐公交车冲到那里。但老板还是说他晚来了一步，在他之前老板刚刚招到两个人，现在不需要了。小贾无奈，便急忙打车回农民工市场，找中介再寻工作信息。可是小贾得到的答复是工作机会和时间都被他在路上浪费掉了。中介责怪他不应该坐公交去，应该打车去。中介再也不会给他工作信息了，并认为即使再给机会，也会被他浪费掉的。而且这已经是第二天了，他们是按章办事。小贾觉得自己初来乍到，人生地不熟的也不敢闹事，便自认倒霉算了。后来有一次，他无意中听到中介和电话里的人通话说，中介刚叫两个农民工去朋友那里，他们大约两个小时后到达。中介交代老朋友按老规矩处理应对。那时候小贾才明白了之前发生在他身上事情的因果了。

当然，也有中介联合农民工一起骗取招工人员的中介费的情况。来自淮安的田大爷，今年五十多岁，他来劳务市场已经三年多了。据他介绍，有些中介指使农民工当"聘托"。这一做法是这样的：中介知道老板的那里的活儿不好干，也没有人愿意去干。但为了获取雇主的中介费，中介和几个熟识的农民工合计，吩咐他们去当"托儿"，把他们介绍到雇主那里，干一两天活儿。然后再由农民工提出不想干，要钱走人。老板只得开了工钱放他们走。这样，中介收了老板的中介费：中介人员介绍一个农民工给雇主，向雇主收取 85 元的介绍费。假如雇主招聘 10 个农民工，则需要交纳中介费 850 元。一旦农民工不愿意干活，老板的活儿没能完成。雇主还得继续招人，这又得要交纳中介费，而农民工则回到劳务市场找中介人员分红。

"你问我怎么知道的？我告诉你，以前我就曾被叫去做鱼饵。后来我觉得这样对不起人家老板，就不干这种缺德事了。"田大爷还介绍道，有些中介是两头通吃。一般来说，农民工是不用交中介费的，由老板来承担（85 元＝35 元的农民工费+50 元的招工费）。但他们既收了老板的 85 元，又去向农民工收取中介费 35 元。其实，按照市场规定，农民工是不用交中介费的。如果交了，那么中介就不应该收取老板 85 元，而应该只收 50 元。

本着为城市管理分忧，为农民工提供就业服务的劳务市场为什么会存在这些坑蒙的行为呢？作为市场的管理者为何不加以及时的制止呢？这得从该劳务市场的性质说起。该劳务市场是在 2002 年 6 月经当地政府部门扶持下成立的，并实行"政府扶持、企业承办、市场运作、自负盈亏"的管理方式，后来因为劳务市场运作带有公益性质，无法营利很多。有关方面在得到主管部门的同意之后，决定对该市场进行企业化改制：将所有资产及经营权转让给民营公司，由该民营公司组建了现在的劳务市场有限公司（详见第二章）。

实际上，目前的劳务市场本质上是为了获取更多的商业利润，而替当地政府分忧，为农民工提供就业岗位的角色并不十分重要。既然企业是为了生存，那就必须盈利才行，因此劳务市场通过招投标的方式选择职业中介进驻市场。按照窗口位置的优劣，每个中介窗口缴纳高低不等的租金，以及相应的管理费用。中介给市场让渡了利益，那么市场管理方无疑就会为他们提供秩序、安全等方面的经营保障。不难看出，中介和管理方已经构成了相互依赖的利益共同体，一荣俱荣一损俱损。

因此，市场管理者一方面不愿意对中介的行为控制太严，否则中介没有一定的利润空间，无法在劳务市场里面继续经营下去；另一方面，管理者也不希望中介做得太过分，毕竟他们并不喜欢成天被记者、雇主或农民工声讨，影响劳务市场的声誉。虽然市场管理方也会对各中介的全年经营记录做出评估，并给诚信的中介颁发荣誉奖牌。但这种做法的实际效果并不显著，毕竟中介才是劳务市场的收入来源。

既然政府监管缺位、市场管理散漫，那么各个中介窗口便使出浑身解数与同行竞争，抢雇主、推工人的招数不断翻新。只要看见开私家车进市场了，各家中介都会主动上去抢雇主。无奈，为避免

图 4-3　站在白线之后负责拉雇主的中介人员

中介之间矛盾日益加深，市场管理者在院内划了一根白线，要求各中介禁止超过这条白线争抢雇主。这样，市场里八十多家中介各自派一个人在白线后面守着。只要看见汽车进入视线，谁先喊出"汽车"二字，这个雇主就归谁。

据有些中介介绍，少数中介人员暗地里利用女色引诱雇主上门。他们用年轻漂亮的姑娘招揽雇主，美其名曰刚从农村老家出来打工的，心地善良，为人质朴。趁雇主向中介提出用人要求时，年轻姑娘便悄悄地转身离开。当雇主提出要找那个姑娘谈谈时，中介便叫来了另外一名女子前来应聘，并解释说刚才那个女孩被别的雇主挑选走了。

由此可见，政府管制的缺位、劳务市场的默许、竞争的残酷以及中介的利欲熏心让雇主和农民工受到了不同程度的损失。对于中介而言，本分做人、诚信交易往往让他们获利无多。于是，劳务市场上便逐渐出现逆向淘汰现象：越是搞无良伎俩，越能挣到钱；越能挣到钱，就越可能长期经营；越是长期经营，越会催生更多的无良招术。否则，中介可能只落得惨淡经营、勉强维持的局面。

第二节　与老板的较量

近年来，关于农民工暴力讨薪的事件越来越多。农民工们拿不到辛苦一年的血汗钱时，往往采取激烈的手段，比如爬塔吊、自焚、跳楼等方式讨要工钱。2010 年，人力资源和社会保障部、公安部、全国总工会等八部门联合下发《关于印发元旦春节期间保障农民工工资支付工作方案的通知》。随后，全国总工会又要求各级工会帮助农民工讨薪。一些地方部门对易发生拖欠工资的企业和个体工商户开展了专项检查，然而"年年讨薪年年欠"现象依然存在。传统的集中清查、专项整治方式不足以从根本上解决拖欠农民工工资问题（杨琳，2010）。

这些社会现象也引起了学界的关注。一些研究将其归因为几个方面的原因：一是企业自身的原因，比如追求利润最大化、经营管理不善、资金链断裂等；二是劳动关系主体的法律意识薄弱，农民工没有与雇主签订劳动合同或协议，这直接为以后的欠薪埋下了隐患；三是市场经济体制不健全，尤其是劳动力市场发育滞后，缺乏有效的劳动维权机制；四是政府部门的监管缺位，对欠薪的单位或雇主惩处的力度不够（刘春荣，2010；亓昕，2011；孙华，2004；罗福群等，2004；杜正武，2003；王惠，2010）。上述研究成果虽然给了我们很多的启发，但是我在这里想强调的是：除了上述一些因素之外，传统熟人社会中信任机制的延续使用，导致其在城市环境中产生水土不服，从而埋下了欠薪的隐患。

农民工最惧怕的就是出来打工干了活儿却拿不到工钱，他们感觉前来劳务市场的招聘的老板中，大约有三成的老板会这样。当我问起劳资双方为什么不签定协议或用工合同之类的文件时，农民工们无奈地说出了他们的感受："你问得好，为什么不签协议？不是我们不想签，而是老板不和你签。我们也听说签了协议就有保障一点。最起码如果他不付工钱，我们就可以拿着协议去找劳动局或派出所，有凭有据的。但是很多老板说，我这么大的工程都做得起，还付不起你们这一点工钱吗？你们农民工也真是的，还跟我签什么协议？老子做几十万的生意都没有签什么协议。就请你们个把月，你们还折腾着要签协议。去不去啦？不去我招别人了。我们这些民工一听也是这么回事儿。算了，不签就不签，先干了再说。"

可见，不签署书面劳动合同并非劳动主体双方法律意识的淡薄就能解释。对于国人来说，凡事一旦上升到法律层面，那么人际关系便将通过一套规整的程序使其陌生化、正规化而变得毫无人情味道。这一点无论是雇主还是农民工都不太愿意如此，因为中国的人情社会在很大程度上影响或决定了人际关系的处理（翟学伟，2005）。我认为，更合适的解释之一也许是进城务工的农民工虽然在空间上发生了位移，但原先熟人社会的文化图式却仍然在起作用，来到城市务工的农民对很多事情的处理仍然会简单照搬传统熟人社会中的处事原则。

乡土社会在地方性的限制下成了生于斯、死于斯的社会，常态的生活是终老是乡。假如在一个村子里的人都是这样的话，在人和人的关系上也就发生了一些特色，每个孩子都是在人家眼中长大的，在孩子的眼里周围的人也是从小看惯的，这是一个"熟悉"的社会，没有"陌生人"的社会（费孝通，2008）。在这个熟人社会里，人与人之间的关系互相联系起来，构成了以自身为中心，以血缘关系、地缘关系为纽带的一张张关系网。就是这样的关系网把人们紧密地拴在一起，形成了长期相处而别无选择的生活状态。熟人社会主要是由亲缘关系和地缘关系构成的，亲属和老乡成为一个人一生交往的全部对象。而礼尚往来则是连接这些关系的基本方式，以此维持着生产、生活的秩序与和谐。由于人们无选择地生活在这样的环境中，因此避免纠纷或在发生冲突时找到息事宁人的方式，是熟人社会中最重要的生活原则（翟学伟，2004；2006）。

我们也可以这样理解：为了在长期无选择的状态里和谐、稳定地相处，每个人都按照固定的一套处事原则行事，口头的要约和承诺往往重于泰山，否则便遭到他人的鄙视而"混不下去"，这种处事方式在熟人社会中被视作毋庸置疑且理所当然的。当然，这种方式的实践前提是双方保持对彼此的信任，即认为对方一定会不约而同地恪守这样的规则。然而，当怀有这种"文化图式"的农民工外出打工时，也就自然而然地会将其带进城市，但是空间的转换衍生出的人际关系，也随之发生了异于熟人社会的变化。那些久居城市社会中的雇主们，有意无意地利用了农民工的这一人际交往的心理特征。

当然，农民工也并非一味被动地接受这样的对待，他们常常采取如斯科特（James Scott）所言的"暗技"（hidden transcripts）❶ 来应付不利的局面。斯科特说，马来西亚的农民以低姿态的反抗技术与榨取他们利益者进行自卫性的斗争，用坚韧的努力对抗无法抗拒的不平等力量，以避免公开反抗的集体风险（斯科特，2007）。在跟雇主打交道之时，农民工也常常会动用一些类似"暗技"的技巧，以减少自己的损失。

既然大约有三成的老板不给或克扣工钱，那么农民工们也渐渐学会如何对付这种局面了。就拿砌墙来说，农民工们常常只把墙砌好，水泥抹到一半，他们就提出要工钱，否则便不干。他们不断总结经验：千万不能等到活干完了再要钱，否则说不定就等于给他白干了。雇主若要按期顺利地结束工程，会把前面的工钱先付清的。付了前期的工钱后，他们再把后面的工程扫尾，然后再支取余下的

---

❶ 对"hidden transcripts"的翻译，本书借用的是邵京先生的译法。参见邵京："河南农村出现的新底边阶级"，载乔健编著：《底边阶级与边缘社会：传统与现代》，立绪文化事业有限公司2007年版，第449页。

工钱。如此，他们的风险就小了很多。

来自苏北射阳县的薛彬是一个善于总结这些经验的人，他向笔者介绍了一种方法，而且屡试不爽。对他而言，什么老板才是好老板呢？他有一个方法：第一天去那里做工，到了晚上他就跟老板说，他刚从农村出来身上没有钱，向老板预支50块去买点日用品。如果老板肯预支出50块，那就说明这个老板不错，可以继续为这个雇主干活儿。有些好的老板还问他50块够不够，多拿一点儿去，这说明可以为他长期干下去。一般的老板不给50块，只给20或10块，这也说明可以继续在那里干，但不能长期干。最差的老板是，什么钱都不给，还骂他两句，那么这个工作就不能继续做下去，他往往马上问他要今天的工钱。如果不给，他也不会硬要，就当自己是青年志愿者了。

薛彬向我讲解说，别看好像是亏了一天的工钱，但是如果怀有赌博的心理继续干下去，做了十天八天工，到最后老板跑路了，或不给或克扣很多，农民工的损失可能更大，所以打工的人不应该冒这样的风险。按照他的理解，为什么很多人讨不到工钱，就是一开始没有摸清老板的人品，盲目地帮他打工，到头来自己吃亏。

但他以前也碰到老板欠薪的情形。前年上半年，他们几个人去帮一个老板卸货。他们一连干了五六天。等到最后发工资了，老板只给了一半。他们没有办法，只好去找劳动部门。劳动部门的人很热情地接待了他们，并要求他们出具劳动协议，但是他们没有。工作人员表示没有协议或用工合同就没有凭据帮助他们维权。其实，薛彬也知道，即使有这些协议，也要耗费很长时间，要慢慢地走很多程序。到头来，钱要到了，人也被拖得筋疲力尽。

后来，他们几个人一合计决定在老板的公司门口静坐。这个公司不大，就在一个住宅小区旁边。公司里的人什么时间上班，他们就什么时间去静坐；什么时间下班，他们就什么时间离开。他们也不跟老板吵架，也不破坏他的财产。一连坐了三天，老板仍然不给钱。

最后是生活小区的居民看不下去了，帮他们说话了。小区的居民说老板年纪还轻，做生意不能这样做的。对人也不能这样没良心，人家既然干了活，就应该付钱给人家。到后来，很多人出来帮他们说话，最终老板在舆论压力之下付清了工钱。

这些故事呈现的是农民工在跟雇主博弈时取得成功的案例。学者王水雄曾指出，在社会系统中的博弈参与人之间存在非对称性和不平等性，起决定作用的是互动双方间的博弈地位。博弈地位（博弈参与人之间的相对地位）可以通过博弈参与人除"服从对方"之外的几个行为维度的能力（也即博弈地位维度）来度量。一是武力或强力对比：越是强有力的人，强力越稳定，其博弈地位也就越高；这一点是决定博弈地位之高低最终可能追究到的。二是参与人所需要之服务的可替代性选择的范围：越是有许多可替代的服务摆在参与人面前能够取代他所要的对方的服务，该参与人的博弈地位也就越高；简而言之，就是参与人对博弈对象的选择范围越大，其博弈地位越高。三是对能够建立起平等性交换的资源的占有：占有量越大，博弈地位也就越高。四是硬撑着不与对方做交易而维持生存与生活的资源量：资源量越大，其博弈地位就越高（王水雄，2003、2012）。

在上文所述的故事中，农民工之所以能取得成功，原因在于无论是工程进行到一半还是占据舆论的上风，他们资源占有量都比雇主的占有量要大。因此占有量越大，博弈地位也就越高，成功的几率就会大增。然而，一旦雇主与农民工的资源占有量发生倾斜，那么博弈的地位便发生根本性转换。

不过，农民工们也越来越觉得老板变得更精明了，他们会欺骗农民工说是半个月的活儿，其实只要一个礼拜就可以完成了。这样，农民工也不会提前向他要工钱了，即使向他要工钱，雇主会说此处工程完成之后，还要再做其他地方的。其实他就是这么一点活儿，那边的活儿是个幌子，是想稳住农民工，等这边的干完了，他打算不给工钱就跑路了。农民工又不能找建设单位，因为建设单位找的是包工头，分文不欠地把工程款结算给了包工头。农民工是包工头找来的，要钱也只能向包工头要。

据他们反映，老板不给钱就罢了，还有些老板很是蛮横，既不给钱还要暴力打人。一提起讨薪的经历，沈浩就义愤填膺地向笔者讲述着他的故事。他们九个人被招聘去工作了八天。工作之前劳资双方协商好价格，小工是每天 80 元，大工每天是 130 元。但是，老板在给钱的时候说他这个工程没赚到钱。沈浩一行人认为，不管老板亏还是赚，只要是他们干活儿了，就得要工钱。老板不给，他们只好报了警。警察把他们和老板一起叫到派出所，叫他们协商解决。大家在派出所待了大半天，也解决不了。后来老板答应给钱，但要等到第二天上午。沈浩他们很担心，也很犹豫。老板又向他们承诺，第二天上午九点钟他在派出所这里发钱。警察看到双方达成协议了，就叫他们第二天再来。

第二天他们早早地来到派出所，等了一个上午，没等到老板。沈浩知道坏事了，赶紧跑到工地上找老板。施工单位说昨天下午那个老板就来结账了。沈浩他们一听就知道老板已经跑了，他们便问施工单位要钱。施工单位以自己已经跟工头结清账目为由拒绝了他们的要求。后来，警察也很无奈，在所里备案了事。据沈浩说，从那以后，那个老板再也没来市场招人，彻底消失了。难怪在田野中笔者经常听到农民工对着前来招聘的老板大骂"黑心的资本家"。

提起"资本家"，我们会立即想起马克思及其后继者的著述。他们常常把资本家置于劳工大众的对立面，作为控诉、抨击与斗争的对象。然而在当代中国，资本家已经属于过去时代的印记，取而代之的是"一部分先富起来"的"个体户"或"民营企业家"。这种现代性的话语深刻地表明了，当代中国正向毛泽东、更向马克思挥手道别。然而，话语的改弦更张并不代表着社会事实的灰飞烟灭。

就在这轰轰烈烈的现代化建设的热闹场面里，马克思的影子又悄悄地回来了。

图4-4　劳务市场外面的马路上，围绕着雇主的一群农民工

肖老汉是一位来自安徽铜陵的农民工，平时偶尔也会受熟人相托临时帮忙招聘工人。这次，他帮南京的一家装饰公司招人去广西工作。老板委托他寻找20个木工，下周一起去广西一家木器厂。肖老汉向老板要预付定金，每个人先发200元钱。肖老汉说两个人关系相处得再好也难保证不出事。万一到了广西，工作不好干，那么他们还有200元路费预留着。他拿出那个老板的一张名片，问我："这个字怎么读？"我说读dan，笪老板。肖老汉不假思索地脱口而出："我管他叫个什么蛋：给他干活，他给钱我，就是人蛋；不给钱，就是王八蛋。"虽说他与这个老板打了两年的交道，但肖老汉还是表现出了一些对立的情绪。

有一次，劳务市场来了两位招洗车工的女老板，一大群人纷纷围了上去，身着迷彩服的郭师傅也凑上去积极推销自己。

"老板娘，你看我行不行？我能干活，我做过洗车工。你看我这身板，这体格儿绝对能把老板的车洗好。"

老板娘说，"我们只招收年轻的，不要老的。"

郭师傅说："老板娘，其实我不老，只是长得有点老相。洗车那活儿，我干了好几年了，已经是熟练工了。你说你招个年轻的回去不会干，有啥用呢？想招一个学徒工还是想招一个熟练工啊？你是想招一个只会吃饭的，还是想招一个老老实实干活的呢？老板娘，你看我一眼，行不？"

郭师傅说完，回过头就冲我说："那活不能干，天越来越冷了，洗车会冻手！"

转过头又对女老板说："麻烦你看我一眼，行不？"

这时候，老板娘已经相中了两个年轻人，正在跟他们谈待遇。但她被郭师傅这么一搅和，嘴里忍不住大叫："烦死了，烦死了。"

"老板娘，不烦不烦。老板娘，我去行不？我去给你干，不行你再赶我走。来去路费我自己出，这样还不行吗？你的店在哪里呀，是小区门口还是路边啊……"他不停地说着，直到最后连自己都笑场了。而其他的农民工也跟着起哄。女老板感到实在无法忍受，连那两个年轻人也不要，赶紧逃离了劳务市场。

"老板不要我，我搅也要把她的事搅黄。我搞得她心神不宁、六神无主。不要我？老子他妈的什么都会干，万能工。"

"给他们干活儿，他们往死里吸你的血。我还没怎么着呢，不就是烦了她们，她们就受不了了。她们也不想想，压榨我们的时候是不是也这样？"

旁边一位中年人也愤恨地说："你给他们干活儿，要他们钱，他们就要你的命。"

这时，一个操着东北口音的中年男子，见很多农民工围着一个边走边打电话的老板，心里就不得劲儿，嘴里就骂开了："老板他妈的算个毛啊，找不到人活儿还得他自己干，能叫个老板吗？不就是有几个臭钱吗？咱们大伙至于这么围着他，跟着他吗？你们他妈的也太贱了。"

现实社会中的贫富两极分化和社会对农民工的不公，为马克思阶级理论的归来提供了可能性。李静君认为应将"中国劳工问题理论化为一个阶级构成的问题"来看待。她指出，新旧体制中的农民工对市场和资本的认识，往往跟其所处的社会地位、原先的文化、感受以及价值观念有密切的联系。农民工群体对当下社会的判断以及他们那种来自国家社会主义历史的语言和思考工具，都或多或少地影响着阶级意识的形成和发展（李静君，2006）。

第三节　打烊后的劳务市场

劳务市场每天的营业时间从早上的八点开始，一直到下午四点左右结束。在这期间里，绝大部分雇主通常在上午十点左右来到劳务市场招聘工人。因此上午是最佳的应聘时机。过了中午之后，前来招聘的雇主越来越少，而对于待业的农民工来说今天的机会也就错过了，只好等到明天。

就在这遥遥的等待中，劳务市场的角色无形之中发生转变。这种转变深刻地表明城乡二元体制下农民工进城就业的生存状况，他们无法享受一国之内公民的同等待遇。正如苏黛瑞（Dorothy J. Solinger）所说的：中国流动人口艰难地在城市争取公民权（citizenship）。她认为，当代中国管理者所牢牢控制的户籍制度依旧保持着绝对的影响力，中国经济的转轨并不能像西方社会那样，能够促进流动人口融入城市并获得平等的公民权（苏黛瑞，2009）。

按照城市管理者的规划设想，劳务市场被定位成专门为农民工提供就业服务的场所。然而笔者在长期的调研中发现，劳务市场不仅仅是一家大型的民工就业市场，而且也作为就餐、娱乐、睡觉的场所而被农民工挪用。随着大门每天早晨的开启，劳务市场内很快便充斥了找工作的农民工。在白天的时段里，农民工主要在市场内外活动。每到吃饭时间，农民工们可以从那些来回穿梭的食品小贩儿那儿购买食物，既便宜又实惠。一位卖大饼的老板告诉我，他们就是农民工的烧饭师傅，这里的农民工不会因为吃饭而伤脑筋。

　　每到中午或傍晚，在等待城管队员下班之后，一个个摊点便如雨后春笋般地冒出来了。他们提供的食物并不丰富，但很实惠。这些摊主清一色地都是农民工。他们也曾在此等待工作，后来发现与其替人打工还不如承包小饭店或设立流动摊位。这令人想起了早在美国西部淘金时期，那位把水卖给淘金者的精明的小农夫。

　　不过，我注意到，一些农民工在快餐店前面不停地咽口水，喉结上下运动，问这问那，左思右想，长时间犹豫之后，他们才会狠下心花费六元买一份最便宜的快餐，嘴里还咕哝一句"操他妈的"。快餐店的服务员小张说，很多人舍不得吃，有些人问问价就走了。我经常在附近的肯德基餐厅见到进去取暖的农民工们。他们坐在桌前，双手撑着下巴，垂涎欲滴地看着他人美美地享受着汉堡包和鸡块。有一次，我见到两个年轻的农民工在店里坐了很久，也曾试图去买一包薯条来品尝，但因其中一个农民工舍不得花钱而只好作罢。

图4-5　中午冒出来的小吃摊儿

食物的消费在人类学中早有研究。文化人类学家把关注重点放在食物、饮用方式和社会文化的关联上（Jerome，1980）。在布迪厄（Pierre Bourdieu）看来，一个社会的阶级关系结构会影响到他们对食物的态度、饮用习惯和食用口味（Bourdieu，1984：175-200）。阎云翔对北京麦当劳快餐店做了一番研究后，指出西式的快餐店代表着一种新的价值观念、行为方式和社会关系模式。来自不同背景的人都可以进入这个无差别的社会空间进行消费。因此，"快餐店构建了一个多义的、多元的开放的社会空间"（阎云翔，2003：231-259）。

也许作为一个都市人的消费，阎云翔的分析可谓精彩绝伦。然而，随着农民工的涌进城市，流向社区的各个角落，也已然成为了都市里的消费者。城市的一切消费场所在理论上都已向他们开放，包括西式的麦当劳、肯德基等快餐店。但是，在现实中，这些"多义的、多元的开放的社会空间"在他们的面前变成一种充满隔阂和距离感的社会空间。农民工群体被国家和社会挤到底层的位置上，而他们也无奈地按照这样的社会期待，成为"想象共同体"的一分子，只能在国家和社会划定的圆圈里演绎人生。上面故事中的两个年轻人闹腾了半天，也没去买包薯条来解馋。

图 4-6 劳务市场边上的快餐店

在肯德基的外面，各种饮食摊位都占满了地方。这些摊位提供相对便宜又实惠的食品，如馒头、煎饼、鸡蛋饼、炒饭、炒面以及一些瓜子、花生、甘蔗等零食。我在调查中，每天也就着这些东西充饥。

有一次，我问炒饭的摊主："你这个油不香，是什么油？"

"你管我什么油，人吃的油呗！"

"现在地沟油很多啊，让人不放心。"

"你说我一个炒饭的，哪能弄来那玩意儿呢？"

"那你是什么油？"

"什么油？你自己还吃不出来吗？"

"我就觉得不香嘛。"

"一份儿炒饭才四块五。我再用好的油，我能赚到吗？你咋呼什么？反正吃不死你。"

图 4-7 卖鸡蛋饼的三轮车摊位

正跟炒饭摊主聊着，却见劳务市场门口簇拥着很多人，好像在看什么东西。我挤进去一瞧，原来是一个本地女性和她老公在兜售线衫、羊毛衫等二手旧衣服。很多农民工在挑拣，还不时地拿到身上比对试穿。

她老公见很多农民工只挑不买，很不乐意地大声叫道："你们不买就别挑了，被你们翻乱了。"

女老板一听就生气地大骂老公："人家不挑怎么知道哪件合适？"

"这个老头儿已经翻了半小时了，你看他买了吗？"

"没有合适的，不可能叫人家随便拿一件就付钱给你吧，你给我死旁边去。"

我翻了一下，那些衣服质量应该不错，只是款式太老了，想必都是从城市居民那里回收过来再倒腾卖给农民工。大部分衣服都不适合农民工穿着，比如有一件带有又高又宽领子的毛衣，颜色是绿色和白色相间的宽条纹。一个四十多岁的男性农民工拿到手后，女老板极力说服他购买。

图4-8 下载手机歌曲，每首五角

这位农民工说："这件这么宽松，哪是脖子哪是腰啊？"

"现在就流行这个，好看啊。穿上，天热了，领子一翻；天冷了，领子当围脖，很实惠。"

"老师傅，你手上拿的那件是花花公子的，在商场里要八九百呢。"我一看哪里是什么花花公子的，净拿杂牌子忽悠他。

有的农民工说，"你的衣服都偏小，我们干活儿的穿不起来（穿上不合适）。"

"你这个人就不懂了，现在天气越来越冷，偏小就是紧身才保暖。你看到那些女的冬天里就穿一条丝袜，道理一样的，还不是紧身能保暖嘛。"

有的民工说，"这些衣服是从哪儿收来的？"

"瞎讲，我这些货都是新的。我本来就是做服装生意的。现在不是遇到不讲理的来拆迁吗？我的门面房都挨拆了。没办法，便宜点卖，收多少成本算多少。"

"十元一件，走过路过不要错过，天越来越冷啦，羊毛衫、牛绒衫保暖啦，机不可失时不再来。"

有的民工说："你这里基本都是女人衣服，咱爷们不合适啊？你看吧，红的花的。"

"女人的衣服是多点儿，你们不是长期在外打工吗？正好可以买一件回家过年给老婆，尽点丈夫责任，表点心意嘛！"

"我没有老婆。"

"没有老婆更加要买喽。买一件好看的，才能把女的骗到手啊。你又舍不得花钱，还想要女人，做梦吧你！"

很多民工跟着起哄："做梦吧你，做梦吧你，噢噢……"

就在卖衣服的旁边，一个山东口音的男子在向农民工们兜售二手手机，一张便携式小桌子上摆放了二三十部手机。

很多农民工聚拢过来围观。

"老板，这个多少钱？"

"你愿意出多少呢？"

"你的东西还问我出多少，你愿意多少钱卖呢？"

"你开个价吧，说多了多赚点，说少了少赚点。"

"你不说，那就算了。"

"这部最低价三百八，在手机商店里都一千多呢！"

"那二百卖吗？"

"哪有你这么杀价的，我赚个毛啊。还好你没有开一百。诚心想买的话就加点吧。"

"二百三，不卖就算了。"

"兄弟，咱们都是农民工，我跟你说实话，我赚不到啊。二百六，你拿走，行不？大家都是出来打工的，都不容易，二百六，拿走。"

"二百五，多给一块我也不要。"

"兄弟，你也太狠了吧。算了，我少赚点吧，算是交个朋友吧，拿走。"

看到其他的农民工在一旁只玩不卖，老板便不耐烦了："不买就别玩了，玩得没电了，我怎么卖出去？"

在劳务市场外，总有一辆卖旧衣服的小型卡车时不时地在劳务市场外转悠，有一些衣物的质量还算过得去。不明就里的农民工兴奋地去挑挑拣拣，咨询价格，但有一位见多识广的农民工很警惕，告诫其他人："这些都是国外的洋垃圾，有艾滋病的。还有的是从死人身上扒下来的，不吉利。"大家一听纷纷丢下衣物跑开了，但还是有几个年纪较大的男性农民工在车边挑拣。

不难发现，无论是饮食、服装还是通信设备，劳务市场上的农民工已然成为了低档或二手旧货消费的终端群体。这一现象暗示了农民工由于经济拮据却又要满足欲望都市的消费愿望（潘毅，2007：111-118）；另一方面，因为劳务市场的农民工，每人身后都有一个耐人寻味的故事（详见第三章）。他们是社会的底层、边缘群体，没有很好收入的他们因此毫无疑问地充当了都市消费的最后一群主体。

一些农民工出来的时间久了，头发胡子也长了，便直接在路边的移动剃头摊点上理发刮胡子，而且他们还屡次提醒理发师傅要给他剃短一点。吃完喝饱，脸面也修理干净了，再听几个年老农民工

图 4-9 　年老农民工唱着凄婉哀怨的《小寡妇上坟》

拉二胡，唱着凄怨哀婉的《小寡妇上坟》。这种流行于淮河流域的民间小调引起了很多农民工的共鸣。

　　夜晚来临，他们在马路两边或在附近的高架桥底下住宿。晚饭后，他们便赶紧去高架桥下占"窝儿"，据说去晚了就没有空间了。之所以许多人来抢占这块"宝地"，是由于高架桥的路面可以作为屋顶，旁边有砖墙围成的护栏。这些都能避开一些寒风和细雨。我曾问一位农民工为什么不住旅店，哪怕是便宜的。他说出来打工，也没赚到什么钱，随便找个地方将就一下。

图 4-10 　高架桥下农民工睡觉的地方

　　不过，阚先生的经历告诉我，找个地方将就一晚也并非易事。2009年，那天下着雪，大家躲在执法大队的车库下睡觉，却被保安赶了出来。实际上，所谓的车库就是在高架桥下面三面有墙壁的地方。第二天，他们又去那里睡觉，但是执法大队的保安往地上泼水，结冰了无法睡下。从此以后，每天都有值班的保安往车库的地面上泼水。他们几个只得搬出来，挤到高架桥下安顿下来。

　　据阚先生说，今年的正月十五，他喝了一点酒，微醺，对正在泼水的保安发了几句牢骚，便被他们抓进保安室教训了一顿。现在眼角还有淤青，手掌和肘关节还有伤疤。他们还打电话报警，说他抢办公室东西。幸亏警察还讲理，听他说了之后，便把他放了。在阚先生眼里，城里人都很坏，总想着对付他们。

　　有时候，为了找一个便宜的"旅社"，他们得花很长时间。老周是贵州黄果树人，2004年初就带着老婆小孩出来打工。当时他的小孩还在南京小市小学读书，小学毕业后不想上学，便在一家酒店做了门童，而老婆则在一家粮油店卖大米。刚来到这座城市时老周买了一辆"马自达"（摩托三轮车），在火车站一带接送客人。

图 4-11　抬着行李去找 15 元一晚的旅社

　　那会儿的老周还比较年轻，能吃得苦。清晨六点他便出门拉活儿，一直工作到凌晨一两点。他一天只睡四个小时，每天大约能赚200元。但到2006年8月城市开始禁止"摩的"，抓到一次罚1000元。有时候一个月被抓到三次，最多的一月被抓了五次，他实在干不下去了，只好放弃接送旅客的活儿开始打工。前几年，他凑了十多万在老家建了带有 16 个房间的平房。现在他叫自己的老父母看着，自己则带着老婆儿子来南京打工。迄今为止，他们已经有三四年没有回过老家了。据老周说，他一家人虽然都在同一座城市里，但平时大家也很少见面，只有到了春节才难得团聚一下，过完年三人又各奔东西继续打工。老周经常打电话给父母亲，问问老家情况。没有什么大事，他们就不回老家了。

为了节约得来不易的辛苦钱，老周带领老胡和我去找旅社。三人花了将近一个小时才走到老周熟悉的小旅社。说是一家旅社，事实上只不过是一家被拆迁户的老房子。外面的院门已经拆除，客厅的屋顶上也有个大窟窿。房东事先交代我们：什么时候拆，我们就得什么时候搬走，不保证我们的安全。15 元一晚的住宿费只提供一张床和一瓶热水。而且房东要求马上付钱给他。我们为了省钱，打算三个人挤一张床，这样每人平摊五块。我们三人刚刚安顿下来，隔壁房东在用拆迁下来木棍和防水材料烧开水，滚滚的浓烟呛得我们不停地咳嗽。不过，好歹我们当晚还有一个可以遮风避雨的地方，第二天晚上等我们再来时，这里已经变成了一片废墟。

而上文提到的王会计等人，晚饭后则马不停蹄地前往龙翔广场，在广场的拐角处找了一个背风的地方，很熟练地从包里拿出被褥在地上铺好，这就算是占到地方了，不然今晚就没有地方睡了。之所以选择这么个地方，之所以这么多人来抢占，是因为上面有一大块大玻璃做的屋檐，能抵挡一些风雨。我问他们为什么不住旅店。他们自我解嘲说，在这里空气好，还能帮城里人看家护院。5 元钱一晚的不能睡，臭气熏天；30 元一晚的太贵了。晚上七点多一点儿，城市的居民开始在广场上跳舞锻炼身体，他们则围拢在四周静静地欣赏着。其中一个人夸张地说到，每当他听到城里人跳舞的音乐响起时就感到很舒服，哪天不听哪天就睡不好觉。

老马同志是负责农民工市场的城管队员之一。据他介绍，劳务

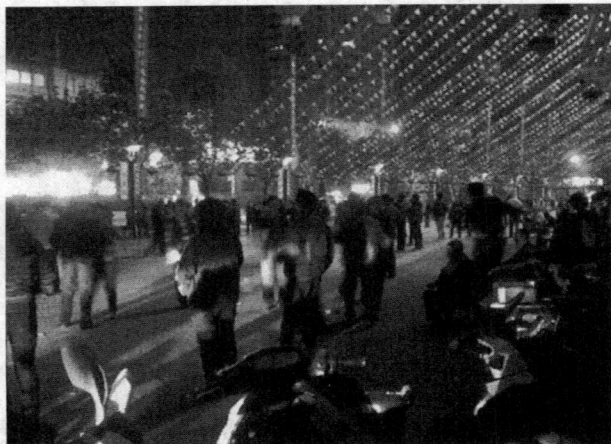

图 4-12　夜晚，在广场上看跳舞的农民工

市场的情况很复杂，有时候他们被要求晚上去配合警察巡逻。为了不影响市容，他们常常劝导农民工不要在这公路边露天睡觉，但是怎么赶也赶不走。有时双方闹急眼了，农民工便双手一伸，"你把我拷走吧"。他们没有犯罪，警察拿他们也没有办法。

　　老马说，为了完成上面交代的任务，警察有时叫他们这些人上去动手。老马觉得自己毕竟是临时工，必须听从正式工的指挥，但老马仍然有一种悲天悯人的情怀，"看他们那么可怜的样子，我们也不忍心赶他们。有的人，这么冷的天，就裹了一条被子，躺在墙角跟。被桶里面塞了一些旧衣服、报纸之类的。真可怜！"

　　到了年终岁末，很多农民工全年挣不到几个工钱，更谈不上存钱，便觉得没面子回家。一些农民工家庭矛盾剧烈或夫妻早已离异，无家可回，便将此处当成了家。除夕之夜，这些民工也跟城里人一样，兴高采烈地去澡堂洗澡，置办一点酒菜，燃放一些鞭炮，"来年图个吉利吧"。

　　显然，劳务市场不仅仅是个招聘就业的市场，而且也是一个属于苏贾（Edward W. Soja）所说的"第三空间"，即一个充满了权力

图 4-13 创作的画作和晾晒的衣服、鞋子等

和意识形态的空间（苏贾，2005：67-104）。蓓尔（Hooks Bell）运用第三空间的概念，着重分析了在反抗白人和男性霸权秩序行动中的黑人女性主体性建构过程（Bell，1990）。与此相似的是，农民工作为权力宰制下生存的群体，在反抗宏观权力体制和城市社会霸权的过程中，努力争取打破国家现代化建设中的城乡二元对立，并试图抛弃压制与屈服、剥夺与失去、排斥与被排斥的空间，努力进入一个拒绝被摆弄成"他者"的抗争空间。

农民工们不断地反思自身所处的空间，"除了市场，这里还是什么?"他们不断地拷问自己"除了农民工，我们还是什么?"这样的转变导致的结果是，这里并非仅限于一个远离市民、容纳农民工应聘的场所，一个当权者宰制下一味屈服、循规蹈矩的空间，而实际上成为了农民工生活、娱乐、消费的空间，一个由他们决定自我和掌控自我的空间。这是对权力宰制下的空间秩序的抗争，也是对城市公民权的排他性的挑战。

第五章

另类的生活，异质的人生

在前一章中，我对劳务市场内的几类人群做了简要的介绍，包括职业中介人员、雇主和小摊贩，同时也挖掘了农民工与他们博弈的种种努力。描述了农民工的衣、食、住等日常生活问题的解决途径。基于以上的描述和分析，我认为，虽然劳务市场是一个充满了权力和意识形态的制度性空间，但是它在一定程度上已被民工们挪用为他们的生活、娱乐、栖身之地，一个由他们决定自我和掌控自我的空间。

在此基础上，本章将进一步挖掘在劳务市场上的农民工的日常活动，尤其是他们游走在法律边缘的日常实践。通过对农民工越轨、犯罪等社会现象的透视与分析，本章试图呈现一种不同于主流的差异性政治，展示农民工多样化的人生经历，揭示他们在国家与城市社会污名、规训、控制、利用之下的种种艰难挣扎和消极反抗，并努力描绘农民工群体通过抗争所形成的共同体验。

这一铭刻时代印迹的社会文本，一方面将广大的农民工凝聚起来形成了一个"想象的共同体"；另一方面，他们以该文本为基础构成了在城市里打工、生存以及抗争的基本立足点。这些经历和体验加强了农民工群体的集体凝聚力，也渐渐构建起自我和群体的主体性，从而使他们逐步由社会边缘走向中心。然而，这一步跨越却带有否定性的特征，因为它往往暗含着消极的反抗以及越轨，甚至违法犯罪等事实。

关于农民工的越轨甚至犯罪的行为，学界做出了很多富有启发的研究。

1. 一些学者借助社会流动的理论对农民工的行为进行分析，认为社会流动性越大，说明社会不平等度越高；社会不平等度越高，其社会成员的相对被剥夺感越强；相对被剥夺感越强，导致犯罪的可能性越大，即社会流动性—不平等度—相对被剥夺感—犯罪（麻国安，2000）。

2. 文化冲突和制度缺陷的视角。这些学者认为城乡二元的体制所衍生的文化差异悬殊，引起的文化不适应甚至冲突导致了进城农民工行为越轨和犯罪行为。他们还指出社会失范、制度缺位和个人的角色失调是其文化冲突的三种形式（周丽红，欧华军，2008；李长健、唐欢庆，2007）。另外，针对农民工的社会保障制度的缺失，包括劳动制度的缺失、社会保障制度的无力，加剧了农民工心理的不平衡，导致他们走向消极堕落之途（张亚辉，2005；江立华，2002；傅剑，2007）。

3. 从犯罪特征等角度对农民工的行为做出的分析。他们认为，农民工犯罪的人口学特征主要以未婚男性为主、与文化水平偏低有关，也跟农民工犯罪人口中的再婚、丧偶和离婚比例相对较低有关（张原震，2007）。而且农民工的犯罪往往以地缘关系为特征的地域性犯罪为主（任九光，2004；丁金宏等，2001）。还有学者以历年的犯罪调查数据为资料，将关注点集中在农民工犯罪的季节性、时间段的选择上，认为二月份犯罪率是全年中最低的，而八月份达到了犯罪的顶峰。在一天的时间段内，夜晚和凌晨是犯罪的高发期，并在空间分布上呈现不断分散化的趋势（杨云娟，2007）。

这些研究虽然分析的角度有所不同，但存在一个共同点：无论是制度因素、文化冲突还是犯罪学特征分析，这些研究皆从城市社会的安全角度探究与思考此类问题，甚至有些研究直接将农民工犯罪等现象纳入城市社区矫正范围（董颖、陈青，2009；傅剑，2007）。这样的研究角度对农民工犯罪问题本身的认识及城市管理的确有所帮助。但是"客位"的立足点往往忽视了农民工主体的内部视角，忽视了"主位"的内心感受和心理嬗变。

因此，本章试图从劳务市场上求职的农民工的内部视角，考察他们游走在法律边缘的危险活动，包括打架斗殴、敲诈勒索、偷盗、嫖娼，努力展示他们在日常生活中的暴力行为。本章将力图揭示这些行为背后的时代印迹和个体的行为逻辑——被社会放弃、家庭抛弃的农民工在城市遭遇种种不公平而做出的否定性抗争。与此同时，本章还将呈现一种不同于城市社会的差异政治，来展示农民工群体内部的异质性及其多样化的人生经历。

第一节　否定性的抗争

弱势群体（social vulnerable groups）又称社会脆弱群体，是指在社会经济利益和社会权力分配体系中处于边缘化地位的底层群体的总称（董建辉、徐雅芬，2011）。社会科学界对于弱势群体的问题早有研究，例如斯科特（James C. Scott）曾指出农民之所以采取低姿态的反抗技术进行自卫性的消耗战，用平淡无奇却又持续不断的努力来反抗霸权和剥削，以避免公开反抗的集体风险，究其原因在于农民在跟榨取他们的劳动、食物、税收、租金的利益者之间的力量对比悬殊，处于弱势地位（斯科特，2011）。

在当代中国，潮水般的农民进城务工给城市的发展带来了用之不竭的人力资源，但是他们应该享有的基本的公民权利却受到了城市社会的压制和阻碍。体制上的不公平所导致的机会不均等和社会转型时期的利益分配不公正（王春福，2008；张立今，2006），使其成为社会转型过程中最大的弱势群体。对于作为纯粹劳动力的农民工群体而言，资方或雇主和城市居民在经济、政治、社会以及舆论方面往往占据着强势地位，可以说他们的言行影响或决定着农民工在城里的一切。然而，强与弱是相对而言的，这种力量的对比有时会随着时空的转换而发生变化。

在劳务市场，不同的来历、相同的命运将农民工们凝聚起来，促使他们形成一个临时的潜在利益联盟。这一命运的共同体加强了农民工群体的集体凝聚力，也渐渐构建起自我和群体的主体性。他们常常会利用临时的利益联盟所具有的组织力量，给雇主或途经此地的城市居民造成不便或麻烦，从而达到从身处社会边缘迈向中心的抗争目的。

图 5-1　天气寒冷，农民工来到地铁站内赌博

上午十点多钟是劳务市场最繁忙的时候。一位面相忠厚老实的年轻雇主打算招聘八个机床操作工。很多农民工听说后都一起围过来咨询工作条件和工资待遇。雇主耐心地回答了他们的问题。而有些农民工根本不顾这些，直接强行拉开面包车的车门，说了一句"老板，我能干！"就钻进车里去了。

"下去，快下去！我招到了我想要的人了，多了不要。你们下去，不下去我要报警了。"

"老板，这活我能干。十几天没活干，要饿死了。你就让我去呗！"

旁边的农民工都跟着叫嚷："老板，我也好些天没活干了，给个机会吧。"老板也很无奈地说："我只招八个人，多了不要啊。"

一旁的老徐向我招手示意，让我靠近听他说话，"眼镜儿，一起去吧，好玩着呢！"我虽然有点犹豫，担心他们是一伙儿的，惧怕到时候我会受到连累。但看到车上已经有了八九个人了，而且彼此都不像是很熟识的。于是，我放松了警惕，也跟着挤上车了。

僵持了十分钟，年轻的雇主只好带走了包括我在内的 11 个人。

上了车之后，我心里还是忐忑不安：我们到底要去哪里？我什么技术都不会，去了之后干不了活儿怎么办？我转过身来，不安地向老徐看了一眼。老徐似乎看出了我的担忧，却又不太想理睬我，只吐出了"去了再说"几个字。

汽车一路向南疾驰。出城后大约过了一个多小时，我们到达了安徽的一家机械加工厂。下车之后，雇主先安排我们吃午饭。午饭还算可以，青椒炒五花肉，西红柿炒鸡蛋，红烧小杂鱼，一碗紫菜蛋汤，米饭随便吃。雇主在等待大家吃饱喝足之后，又给安排了八个人一间的工厂宿舍。下午，雇主带领我们去培训车间学习操作技术。雇主交代工人必须从观看培训操作的录像开始，然后由熟练工带领上岗工作。之所以这么谨慎，是因为机械操作的危险性较大，稍不留神或疏忽就会酿成大祸，甚至危及生命。

事实上，雇主的这番安排足见其对我们的良苦用心，但是后面的事情却令我倍感震惊和意外。第二天的下午，我们正在培训车间里看操作的演示录像。老徐几个借故出去，大约半个小时后，他焦急地跑回来对还在认真学习的我们说，"别看了，快跟我去问老板要钱"。我还在纳闷呢，身边的人呼啦啦地都飞奔出去了。原来，这些素不相识的农民工根本不是真心找工作，而是组成了临时的利益联盟，抱团前来"诈工"。[1]

等我们跑到厂长办公室时，老徐他们已经在这里争吵很久了。

老徐："整天叫我们在这里看碟学习，只发这一点儿钱。我们不同意，加钱。"其他人也跟着起哄，叫嚷着要加钱。

---

[1] 对于农民工的诈工，学界对此的研究相对较少，可以见智敏："假找工作真找茬找来找去进班房"，载《乡镇论坛》2007年第5期。李国彦："遏止'假民工'的敲诈"，载《建筑》2011年第18期。而媒体的关注侧重点集中在如何防范和惩治等方面。例如，徐涛、王茸："用工荒背景下诈工勒索现象抬头"，载《南京日报》2012年2月16日，http://njrb. njnews. cn/html/2012-02/16/content_ 1164991. htm；蒋逸春、胡越："《诈工！约定招5人抱团来19人不聘就要赔偿损失》，2012年2月9日，网址：http://jsnews. jschina. com. cn/system/2012/02/09/012670688. shtml。

厂长："按照规定，培训期间只能发这么多工资。"

老徐："那我们不干了。让我们走。"

……

一时间，办公室里挤满了人，整个秩序全乱套了。而农民工则自动地分为三派，一派极力要赔偿金，一派使劲儿起哄，而另一派从中调停，三派人员分工明确。厂长没办法，只好打电话报警。警察将我们带到派出所，问明事情原委之后，警察表示他们也解决不了。于是，警察在我们中间选了三个代表去劳动部门协调处理，老徐就是其中一个。其他人怕他们三个人私下调解捞取好处，便也打车跟着一同去了。到了劳动局，眼看着还有几分钟就要下班了，工作人员很不耐烦地问我们有没有合同，我们说没有。工作人员表示劳动局无能为力，只能由劳资双方自行协调解决。

于是，我们一行人又呼啦啦地再回到派出所。警察向大家说明，这是一起民事纠纷，而且当事人没有构成既成违法犯罪事实，所以只能由双方自己协商解决。一离开派出所，农民工们异常高兴，他们觉得连警察都不管了，就更加变本加厉地提出额外要求，并威逼厂长。僵持了许久，最后厂长无奈地分别给每一个人付了 260 元，包括工资、误工费、路费等三项。11 人，包括笔者在内，拿了钱之后，紧急包了街边的一辆面包车，迅速离开工厂返回了劳务市场。

在路上，老徐得意地跟我说，这就是他的能力，还特意向我透露小技巧：千万不能去车站坐车。理由是一旦雇主报案诈工，当地警察马上会前往车站堵截抓人。我说了一句"其实他也蛮可怜的"。没想到，车上的大部分人都开始指责数落我："你可怜他，谁可怜我们？""我们这样做太过分，他暗地里可劲儿剥削我们，你看到了吗？""有些老板发工资的时候克扣我们的，你说谁可怜？""他开小汽车睡大房子，我们呢？"

这些"诈工"者的存在导致的结果：一方面使前来招聘的雇主担心，生怕上当受骗遭到敲诈。我就曾见过前来招聘的雇主在劳务

门槛之外 ——城市劳务市场中的底边人群 ▷

市场外的停车场跟中介人员打电话救助，并要求中介人员接送他，护着他进劳务市场招工。另一方面给劳务市场的声誉造成了很多的不良影响，致使众人愈加产生劳务市场很乱很复杂的负面印象。如果说"诈工"现象是不良农民工针对雇主，那么在公路边"碰瓷"的却是专门针对开着私家车的城市居民。

一位来自铜陵的农民工，眉飞色舞地向我讲述了他伙同别人一起参与碰瓷的经历。在劳务市场旁边的繁忙大街上，"我远远地看到一辆汽车缓缓开过来。我靠上去，有意让反光镜（后视镜）碰到我。然后顺势倒下去，大声惨叫，'手臂疼死了，这下不能种地了，更不能打工了'。车主慌忙下来，我装出痛苦不堪的样子，再带一点可怜样。另一个农民工也表现得很紧张，又是扶我又帮我说话。车主很慌张地问怎么解决，我一听就知道有门儿了。于是我说，'带我去医院检查'。车主说，'没空，我有急事'。"

"我心中暗自高兴地说，'你给点钱，我自己去医院检查'。车主说，'身上没有多少钱，走得太急了。给你一包香烟，可以吗?'我说，'那要看是什么烟了'。他掏出一包'硬中华'。我知道的，那种是45块的。我说，'好吧，算我倒霉，自己掏钱去医院做检查了'。给过香烟，他开车走了。我转过身马上去小店兑换了35块，给那个帮忙的朋友一包'一品梅'。"

在他们的眼中，几百块钱对车主来说算不什么。他们觉得开汽车的都是有钱人，他们一顿饭就等于农民工一个月的血汗钱。这些无良的农民工觉得这种做法只不过是从有钱人身上拔了半根毫毛而已，而且不拔白不拔。

如果说"诈工"和"碰瓷"是面对面地与雇主、城市居民公开对抗，那么针对城市社区的不轨行为却是暗战。劳务市场的后面是一座名为菊花台的公园，因为是一个小山丘，所以山上花草树木的养护都得靠定期抽山下的自来水浇灌。有些水管平时虽然都闲置着，但在干旱季节却能发挥很大的作用，但就是这些平时看起来闲置的自来水管却成为农民工的生财之道。

那是一个傍晚，我坐在马路牙子上跟其他人在聊天。只见安徽的小胖子远远地向我招手，示意我跟他走。我赶紧提着大编织袋跟了过去。他见我提着行李，气急败坏地叫我把行李袋放到地铁站外厕所的平台上。等我放好后，他急切地叫我跟着他去菊花台公园。我问他什么事情这么急切，他说去了就知道了。来到山丘脚下，我见到小胖子的朋友已经站在那里等我们多时了，手上还拎着一个装着钢锯的蛇皮袋子。

图5-2 劳务市场附近的居民的防盗门窗

小胖子见了他，向他抱怨说眼镜儿不懂事，去做坏事时还背着行李。我们走到一半便转向密林深处。不一会儿，我们三人来到了一个下坡处。他俩迅速掀开枯枝败叶。一根水管暴露出来，上面已经有了被锯过的痕迹。小胖子告诉我，昨天上午他俩已经来过，但有两个锻炼的老人发现并阻止了他们，现在他俩趁着傍晚又来了，叫我站在远处放哨。我不同意，准备离开。他俩开始很为难，后来劝我说，到时候卖钱了分点儿给我。见我还是不同意，小胖子便又开始劝我，说不要我亲自动手，只需要站得远远地放哨。我惴惴不安地站在远处，成为了他俩的同伙儿。只见他俩聚精会神地锯着，卖力的他们不一会儿便满头大汗。我左顾右盼，焦急地等待着……

第二天一早，他俩兴冲冲地扛着用黑色垃圾袋包裹着的水管去了废品收购站。回来时，小胖子丢给我20元。我坚决不要，并向他说明以后再也不会做这种事了。小胖子笑着对我说，没有以后了，能卖的都卖了。我便责怪他们，不应该做这些违法的事。小胖子鄙夷地看着我，并愤恨地说，他只不过拿几根破水管而已，并教训我说他给城里人打工，可城里人给他什么了。

对此，学界有研究者提出"依法抗争"、"以法抗争"、"以理抗争"等解释理论（李连江、欧博文，1997；于建嵘，2004），试图对各种抗争性的政治做出解释，然而，我认为这些解释并不一定适合劳务市场上农民工的抗争形式。他们的形式主要呈现出一种否定性的、破坏性的行动，这些行为并不具备强烈的政治化、组织化的特征，而往往是以获得蝇头小利为满足原则。因此，劳务市场里农民工的抗争意识尚没有上升至完全的政治诉求的层面，而仅体现为个体的怨恨情绪。

正因为劳务市场周围不断出现破坏性、消极性的抗争，居住在这里的居民纷纷向笔者反映：自从劳务市场搬迁到这里，他们的"黑暗"日子就从没有消停过。一些农民工常常把衣服晾晒在小区里，等到收衣服时顺便把小区居民的衣服也收走了。农民工们天天在这里聚集打牌。还在居民楼的院子里、楼梯口徘徊，看看有什么值钱的东西直接拿走。天热的时候，他们经常偷看一楼的女性洗澡，还大声叫嚷，吓得那些一楼的人只好等到晚上天黑关着灯洗澡。

有些居民反映，这里的农民工胆子很大。有时候，大白天就撬锁、敲窗户闯进居民家中，盗取手机、现金、笔记本电脑等贵重物品。有时候大门没有关好，他进来东张西望。如果被发现，他说他找旅社的。他们经常会半夜敲门，在家门口大笑大叫，吓唬他们。居民奈何不了他们。

有些居民向我诉说着小区里黑旅社的不是。一个100平方米左右的住户家开办的旅社，里面居然可以住上80人以上，还分出男女隔间。后来，他们找警察、找工商，要求取缔黑旅社。有关部门整顿了几次，还是没有彻底解决。

有个带小孩的老婆婆说，他们住在这里太可怜了，晚上八点以后就不敢出门，更别谈散步了。小区里面带小孩都没地方玩，而且要时刻小心。前年有个小女孩由于看管不慎，被他人抱走了，至今也没有找到。居民们很害怕这里的农民工，不敢惹他们，因为居民是住在这里的，在明处；他们在暗处，得罪不起。

第二节　内部的丛林法则

农民工针对城市居民和雇主的违法违纪行为，是由于社会给他们的不公正引起他们对城市社会的不满和怨恨，发泄对象往往直接指向他们周遭的一切。然而，不容我们小觑的是，他们针对的对象并非只是城市居民和雇主，更多、更严重的侵犯往往针对劳务市场上的农民工，即对内的欺压。

老贾向我讲述了至今还令他心有余悸的经历。两年前，为了省钱他跟其他农民工住在待拆迁的空房子里。晚上两点之后突然冲进来四五个人，冒充便衣警察检查身份证、掏钱包、拿手机。在黑暗的夜里，老贾听出了一个熟悉的声音，便战战兢兢地对那个人喊了一声，原来那个人是他的老乡，外号"老平山"。那个叫"老平山"的人警告老贾不要多管闲事。老贾惊魂未定地抱着被褥和衣物，跟跟跄跄地跑出离开。据老贾说，此后再也没见他那个名叫"老平山"的老乡在劳务市场出现过。

在田野工作期间，我常常碰到强悍的农民工向弱者敲诈勒索的事情。一个来自东北的老头，身上衣着讲究，据他自己说他是做护工的。我见到他时，他正在咒骂一个躺在地上的醉汉："欠的五百块，什么时候还上？老子给了你半年时间，再不还就叫人打你。"站在旁边的一帮小年轻摩拳擦掌、跃跃欲试。他向我唠叨着："这鸟人没钱吃饭了，拿着一把菜刀，在众多小吃摊主面前威胁，谁不给他吃他就砍谁。后来他不小心把自己的手机弄掉在绿化带里了，叫我一起帮他找。我帮他找手机时，我自己一千多块钱的墨镜不见了。他当时答应赔我五百的。后来，这小子不正经，想女人想疯了，摸了女人的奶子。他也不想想，城里女人的奶子能随便摸的吗？人家告他性骚扰，把他抓去蹲了一年监狱。出来后我就跟他说，半年后还我五百。没想到今儿他有钱买酒喝，没钱还我。我能不生气吗？"

正说着这些呢，他慢慢地把话题转移到我身上。他说我为人大方，豪爽，是好人，邀约中午一起去喝酒，要喝白的。我虽然刚进入田野不久，对一些情况不太了解，但还是觉得他的行为很反常——叫我请他和他的朋友吃饭，又想看看我的手机。我意识到他们要在我身上打主意了，不免心里一阵紧张。就在这时，他的两个朋友靠近我，跟我勾肩搭背，并强拉我去后山。我一阵慌乱，努力想着脱身的计策。

这时，正在马路对面的小胖子突然叫我，说有老板来了，叫我过去看看。我逮住机会使劲儿挣脱了他们的纠缠，好不容易跑到马路对面。惊魂未定的我见他们在原处鬼鬼祟祟地在互相耳语，并对着我挣脱的位置指指点点。就在这时我发现我的手机不见了，一定是被他们拿走了，正打算讨要回来。小胖子一把拉住我，教训说不要以为自己是个警察，咱只是农民工。他们没打我半死就算幸运了，破财消灾，算了吧！不然，今天就惨了……小胖很有经验地对我说，这种事情他见多了，也拿他们没办法。再说我也没有什么证据证明是他们拿的，到时候他们反咬我一口就难办了。而且他们人多，搞不过他们。看来，小胖虽然年纪不大，但对这些事情却有他自己的经验感受。

我当时暗暗叫苦，心里觉得很难受。我一直在反思我的行为：他们围着醉汉说话的时候，我只是一个旁观者。但我却热情地给他们发烟，还发了两次。小胖子告诉我，劳务市场里从来不给别人主动散烟，都是自己抽自己的，除非是知根知底的好朋友或亲戚老乡。所以我的行为让他们错误地认为我是个刚来的菜鸟，什么都不懂。

事实上，群体内部成员之间的冲突有时要比群体之间的冲突来得更加强烈。只不过内部的冲突常常被该群体的边界所掩盖，因而没有引起人们足够的关注与重视。在劳务市场上，无事生非的农民工到处转悠，四处寻找机会，欺压身边同他命运相似的农民工。按理说，虽然背景不同、来历不同，但同为天涯沦落人只会相互怜悯，彼此帮助，或至少不应该尔虞我诈、互相倾轧，但作为社会边缘群体，他们远离了熟人社会的监管与约束，来到这杂乱无章的制度性空间，成为了揭开表演性面具的匿名人。在受到种种不公正的对待时，他们往往将心中的愤恨、怨气、惆怅、失意、绝望等情绪倾泄于周遭的一切事物，当然也包括他们自己本身。

中午时分，120救护车呼啸着来到小饭店前。大批民工呼啦围过去，以为里面又有人在打架了。原来是一个农民工酗酒之后不小心摔倒了。左边的眼睛磕在墙角上，顿时血流如注，右边的眼睛也出现瘀血症状，像个黑米馒头一样。认识他的农民工介绍说，这位农民工整天不去找活儿干，天天喝得醉醺醺的，醉生梦死，早晚有一天他会喝死。

有个知情者向围观的人群说，人家有人家的苦处，他老婆跟人跑了。出来打工，老板又不拿他当人使唤，他这是在借酒消愁而已。

医务人员来抬他上120救护车。一个年轻的农民工对医生说，他口袋里又没钱，抬他回去就是浪费医院的资源。即使救了他也没得用，第二天他还会喝的。

劳务市场外面总有一些农民工喝醉酒躺在马路中央，有些人去报告警察和保安。他们过来一看说，怎么老是他？一个月搞好多次，屡教不改。还有些人喝醉了，发酒疯，打架往死里打。

众人将醉汉抬上了救护车后，唏嘘一阵之后各自散去。

喝酒常常会引发一些暴力事件。在山东面馆，几个年轻人喝酒喝多了，与同在面馆吃饭的一位老汉打了起来。事情是这样的：一个年轻人想掏老汉的钱包。老汉紧紧掖着不给，并准备打电话报警，而他报警的手机却被年轻人重重地摔碎在地上。面馆里的服务人员只求自保，一股脑儿地将他们向店门外推。老汉跪在地上向那几个年轻人求饶。没等老汉说完，其中一个年轻人就当着围观的人群，扇了老头两个耳光。

老汉知道他们不肯饶恕，便拔腿向对面单位的大院奔跑救助。但是，当他跑到单位门口时，却又被里面的保安推出来。无奈之下老头硬闯进大门，躺在里面的广场上。几个年轻人堵在门口，要求保安将老头拉出来。单位的保安见此情景，只好拨打110报警。那些年轻人大声叫嚷，这是他们自己内部的事情，称他们会自己解决好。保安听到后便回绝了110警察。于是在保安的默许下，几个年轻人冲进单位大院大门，将老头拖出来，便很快消失在夜幕中。

除了上面所讲的城市居民、雇主和劳务市场上的农民工成为他们消极发泄的对象之外，一些由农民工转型的小商贩，诸如摆摊儿的、卖手机的、开小吃店的、经营小商店的，也成为了受害者。他们刚来南京时都是出力气打工的农民工，后来在此发现了商机，不想再过受人约束的打工生活，便做起了小生意。每当城管队员在十一点半下班时，他们不约而同地推着车子、挎着篮子、摊开铺子，开始了短暂而又忙碌的买卖。在这里，大饼是最好卖的，只需花两块钱就能把肚子填饱。

但就是这个便宜的大饼，也会惹出来一档子事儿来。一个操东北口音的农民工，大约五十多岁，大高个，门牙还掉了一颗。他大摇大摆地走到大饼老板的跟前，丢了五毛钱给老板，拿了一块大饼大口吃起来。

老板说："五毛卖不起来。"

"什么！你看不起我？我就五毛钱了。"

大饼老板苦笑着又重复了一遍："五毛卖不起来。"

"我今天削了你，你信不信？这大饼就是我的了，×你妈的。"

东北老汉一边说一边冲过来想对卖大饼老板动手。这时走来一个女的，两手抱住大饼箱子，并劝大饼老板不要与他计较。在大家的劝说下，东北人嚼着大饼、骂骂咧咧地走开了。旁边的农民工议论纷纷，"这地方什么人都有，吃了你的东西不给钱，还要×他妈。"

可是，紧张的情形又发生了戏剧性的缓和。不一会儿，东北老汉又走回来，指着大饼老板的鼻子大声说道，他这些天没有找到活儿，现在没钱。等他有钱了，再还上。东北老汉的强势令大饼老板无可奈何。大饼老板告诉我，他来劳务市场卖大饼好几年，这种事情他已经遇到很多了。他觉得这个东北老汉虽然蛮横，但还算讲究的。他曾碰到有些农民工直接明抢而不付钱的，问他们要钱就等于讨打。

同样，劳务市场旁边的新四川快餐和新悦小吃店今天也都跑掉一单生意。新四川的服务员小张向我诉说着今天店里发生的事情。中午给三个人打过饭后，小张就叫他们先把钱付了。其中一个说，哪有先付钱后吃饭的。等他们吃到一半时，小张又去催。他们说，钱在里口袋里，等吃完了付钱。等她给客人打了几份快餐之后，再回头看时，三个人已经消失了。小张立即放下手中的勺子，围绕着市场内外找了两圈都没找到人。

据小张讲，过年之后不到一个月里，店里已经跑掉近 200 块了，但明摆着说不给钱，吃霸王餐的还没遇到过。新悦小吃店今天也跑了 60 元。厨师跟小张交流着经验。厨师教小张以后别管他们吃好没吃好，先叫他们付钱。有人到店里点菜，等他们一点完菜，就叫他付钱，不付钱暂时不煮。还有些农民工直接走到厨房叫他烧什么菜。厨师就说去前面点菜，付完钱再来跟他讲。小张感慨道，他们都是小本生意，都是苦出来的，每天凌晨四点就开始忙活了，也是为了混一口饭吃而已。

劳务市场就是这样一个光怪陆离、险象环生的社会空间。正如郭师傅一语中的："你说劳务市场？现在不行了，把好人都变坏了……这里多快乐，要吃有吃，要喝有喝，想赌就赌，想嫖就嫖。没人管你，潇洒快活。只要干点活就饿不死，没活儿干就向老板诈几个钱花花……这个×市场！"

第三节 爱恨情仇的角落

两性关系是人类社会生活中最复杂的关系之一。在劳务市场这个角落里，来自各地的男男女女除了在此应聘之外，情感的外露和宣泄也在此表现得淋漓尽致。这正应了一句俗语，情感有时就像土豆一样，摆哪儿就在哪儿发芽。但是，由于种种障碍和各自目的不同，他们往往最终一拍两散，甚至以大动干戈的结局收场。正是这种复杂的盲动和欲望构成了当代中国底层社会的另一秘密。故事中的人物演绎着城市角落的悲欢与离合。

河南漯河的老穆曾经在部队当了三年的工程兵，退伍回乡之后，父亲帮他在当地派出所谋了一份做联防队员的差事，后来他在一次抓赌行动中，因为打伤一个赌徒而被清退出了联防队。从此，老穆便离开家乡外出打工。因为他正值壮年，找工作相对有些优势。2008年来到这座城市之后，他通过辛勤劳作积攒了一些辛苦钱。然而，长期在外的老穆在情感上却觉得很孤单寂寞。在长期接触中，他认识了同在劳务市场应聘的38岁的姜小妹。来自湖南益阳的姜小妹，因为经济原因跟丈夫离了婚，于2009年来到该劳务市场。老穆向我透露，刚开始的时候，姜小妹总是来找他，说有人欺负她，总是在他那里寻求帮助。后来两人熟悉之后，就在下面的小行镇附近租房，开始了二人世界的生活。

但是好景不长，老穆和姜小妹只相处了三个月便出现了问题。按照老穆的说法，姜小妹骗了他3000元，之后便再也不肯与穆先生同居。穆先生对此很恼火，"想要就要我，想丢就丢我。没那么容易。花了老子的钱，不跟老子睡，我要弄死她。"于是，打打闹闹的情形便每天会在劳务市场里上演。昨天，老穆见到姜小妹从市场出来，便立即追上去，却被早有防备的姜小妹先下手为强。老穆幸好没被姜小妹扔出的石块砸到头部，却被砸到了手，左手顿时鲜血直流。围观的农民工们在一旁加油起哄，大喊大叫："没出息，被女人欺负"，"打！狠狠地打！"恼羞成怒的老穆不容分说拔出腰间的匕首便追上去。姜小妹拔腿躲进了劳务市场。

今天上午，他俩又不期而遇，真是"仇人相见分外眼红"。他俩先是对骂，后来扭打成一团。这时，围观的农民工越来越多，不断地在起哄。姜小妹的情绪已经失控，脱下鞋子就朝老穆打去，又捡起砖头砸向老穆。随后，姜小妹操起手边的铁皮簸箕抡向老穆，这下打着了老穆的鼻子，一时血流如注。所幸劳务市场的警察慌忙过来制止，并指挥保安把两个人拉到警务室，关起门来调解。

旁观的农民工久久不肯散去，还在传说着老穆和他女人的事情，并将两个亲兄弟之间争夺一个女人的故事拿出来作对照、评论和总结。两个亲兄弟与一个女人之间的事情是这样的：两男一女在劳务市场的马路边争吵。女的对弟弟说："我就跟你大哥好了，我就爱他，愿意天天陪他睡，你管不着。"脸色青紫的弟弟咬着牙说："我杀了你！"拔出一把水果刀冲到跟前。那女的躲闪至他哥哥后面，对他哥哥说："你说你爱我呀，你说呀！"于是哥哥朝弟弟说："我俩的事，你别插手。"女的说："听到没，你哥爱我，珍惜我，你算什么！"据一些知情的农民工说，此女原本是弟弟的相好，现在因为弟弟没钱便离弃他，跟了哥哥，才惹出这番是非来。

农民工们最终的结论是，男人没钱养女人，女人就开始嫌弃男人，要么吵架要么打架，在所难免。这一说法是劳务市场上评论男女关系最流行、最有说服力也是最受认可的传播版本。他们都预设并认同，劳务市场上的男男女女都是同一个模式，即男的好色、女的爱财。但他们往往认为男的好色是天经地义、理所当然的，对此并不追究和持有异议，反而常常把女的爱财编说成是骗钱，将她们污名为不知廉耻的骗子、祸害男人的祸水。

把她们贴上祸水的标签，这本身就反映了劳务市场是一个以男性为中心的场域，话语权力仍然掌握在男性手中。更深层次地表明，男权社会对女性的污名和欺压不会随着时空的转换而轻易发生改变。这一方面反映了数千年的传统观念对人们思想塑造的结果，另一方面也表明了性别差异对女性进入劳动力市场存在一定程度的限制，造成男女两性在经济收入上的不平等。

有研究表明，改革开放后，劳动力市场依然没有给女性农民工同等的就业机会（Huang 2001；Fan 2000，2003；Liang and Chen 2004）。以往的儒家倡导女性遵从夫君、夫死从子的苛刻戒律，但在几十年的社会变迁中，妇女从传统的角色里解放出来，离开乡村进入城市打工。这有助于她们获得经济上的独立性。然而，由于教育和培训方面的性别不平等，女性移民尚不能获得与男性同等的就业竞争力（Huang，2001；Liang and Chen，2004）。虽然女性城市化的过程就是移民女性获取权利的过程，但是劳动力的性别差异对妇女进入劳动力市场存在一定程度的限制，并制造了男女在经济上的不平等。这些因素加重了女性对男性的经济依赖，无形之中将女性推向更弱势的群体（Xiushi Yang and Guomei Xia，2008）。

女性农民工经历着移民和性别不平等双重风险，这加剧了她们卷入从事性交易的高危活动当中。而一些年轻的女性在脱离家庭环境监督的情况下，在面对严峻的就业形势之时，往往选择将性交易作为谋生手段，以维持自己的生活（Xiushi Yang and Guomei Xia，2006），这些观点在劳务市场上的女性当中得到了印证。

附近小区的景大爷在此生活了十几年，闲来无事的时候便散步到这里看热闹解解闷。他向我透露，一位来自附近的马老汉，每次来劳务市场都打扮得很体面，穿着擦得锃亮的皮鞋，身背一个 POLO 牌子的小皮包。"这个马老汉又来找人陪他过夜了。老马也有意思，家住附近，有儿有女的，也不回去，在这里风流快活。据他自己说没有退休金，在这里找工作，做护工。这完全是他瞎编，找女人才是真的。”

果不其然，大约一刻钟后，马老汉兴冲冲地对我们说，“嘿嘿，她叫我到26路车站等呢。”大约二十分钟后，他要找的女人出现在市场门口。只见此女皮肤白皙，耳带一副金环，头发烫的是小卷，穿着牛仔衣，黑色连袜裤，脚蹬一双锃亮的皮靴，肩挎皮质小包，还拎着一个塞满衣物的纸袋。她一边往外走，一边和跟在她后面的几个男性农民工在说着什么。

马老汉经常带女人住宿的地方处于城南一带地区。在霓虹灯闪烁照耀之下，矗立着许多旅店宾馆。这里提供住店客人们吃饭、休息以及住宿等休闲娱乐服务。钟点房价格每小时10元，住宿20到80元不等，不同档次一应俱全。周边区域还有许多小吃店、大排档等各种口味的饭馆。

据景大爷说，坐上26路车，离这里远一点才安全。不然，万一被警察抓到了不好看。都一大把年纪了，对儿女也不好交代。跟马老汉的那个女子，在劳务市场很吃香，有很多农民工都追求着。但她偏偏选择老头儿，为什么呢？那些年轻一点的农民工身强力壮，晚上害得她没法睡好觉，所以找个精力不济的老头，反正钱是一样的。而且“老头这么老了，找小姐已经办不成什么事了，就是找点感觉而已”。夏天的时候，直接到后面的山上交易。按照景大爷的说法，这里的小姐应该不能叫小姐了，而是大姐或大妈了。有的就是专门针对农民工做生意的，有的本身是来城市打工的，平时打打工，晚上睡哪里呢，不像男的就地铺上被褥就睡觉了，她们会主动找男性农民工睡觉，一是晚饭解决了，二是晚上的睡觉的地方也有着落了，三是还可以赚点外快。

正说着呢，景大爷提醒我往远处看。只见有个穿黑色夹克的老头，穿得很体面，拎着老板包。他自称是个退休教师，整天向农民工们炫耀说政府每天要给他100元的退休金，还说自己每天出去给学生上家教。但就是他，在市场里明着找女人，而且要求全陪，一年要换十几个呢。景大爷嘲笑他说，腿脚都不怎么灵便，走路颤颤巍巍的，还有心思找女人，说不定哪天要了他的老命。

过了半个月左右，马老汉背着行囊来到市场里，找晚上陪他过夜的女人。他找了半天，谈了几个都谈不拢，无奈地提着行囊坐上26路车独自一人走了。景大爷对我说，看来老马被雇主开了，不然不会背个行囊。这个马老汉，辛辛苦苦挣点钱，全花销在女人身上了。在这里，女人是男人"性福"的工具，男人是女人"赚钱"的手段。"真不说不清谁是谁的工具？"

劳务市场上的农村妇女，在经济上受到了老板的盘剥，在身体上受到男人的性剥削。他们从家庭不幸这个火坑跳到了一个更残酷的境地。性的剥削存在于她们的身体之上，导致的后果，一方面分裂了个体自我，另一方面作为性压迫的对象而遭到人类尊严和权利的侵害。最终，女性沦落为一味受到欺负的可怜女人，同时也成为男人眼中不知廉耻的坏女人。

在田野中，我听到一位女性农民工毫不掩饰地哀求一个大块头男性，"那个死男人欺负我，帮我去打他。我晚上陪你睡。好吗？"

男的说，"你不骗他钱，他为啥欺负你？我不干。"

"你们男人都是一副德行，快去打他，我让你睡两晚。"

"我不干，你找别人去吧。"

"你是个没有同情心的胆小鬼，见死不救！"

MacKinnon（1989）告诉我们，如果性是平等的，妇女就不会受到性征服。就不会有性暴力，双方自愿的性关系就会成为现实。如果性是平等的，妇女在经济上就不会是从属的，就不会令她们产生失望和被排斥感，她们也不会受到性和经济上的剥削。关于这一点，笔者将在下一章展开重点分析——通过女性的视角去窥视整个城市的秘密，挖掘当代中国社会的欲望与惊悚。

第六章

夜幕下的『赤裸身体』*

　＊　本章内容曾以"身体政治与女性农民工"为题，刊于《云南民族大学学报（哲学社会科学版）》2012 年第 1 期，部分内容有增减。

门槛之外 | ——城市劳务市场中的底边人群 ▷

劳务市场的外面，身着蓝色棉衣、外套一件枣红色连衣围裙的志英，拖着锈迹斑斑的行李车不断徘徊，寻找着一丝的就业希望。奇怪的是，当有雇主的汽车在她身旁停下时，她却不像其他男性农民工那样蜂拥而上，而是静静地站着，等待着雇主的主动搭讪。"像我这么大岁数的，要的人也少。如果他（雇主）相中我的话，肯定会来找的。"

接下来的事情进展正如她所料，一位年轻的雇主慢条斯理地摇下车窗，极其不耐烦地对蜂拥而上的农民工们大声嚷着，"我找洗菜工，不要男的！"然后径直将目光投射到志英身上。

"哎，洗菜还愿意啊？"

"工钱多少啊？"

"九百六十块，工作很轻松的。"

"你们包不包食宿？"

"嗯……包中午和晚上两餐，早饭自己解决。住宿我们有房间，八个人一间，离饭店不远。"

"工资是一个月一结还是怎么弄的？"

"我们是正规大饭店，肯定是一个月一结。这你放心。"

"正规大饭店？那有休息天吗？"

年轻老板顿时拉下脸，带着鄙夷的眼神上下打量志英，"不可能的，我们服务员都没有，更别谈你了。去不去啦？"

"还要扣什么吗？"

"水电费用多少算多少，自己交。你怎么这么啰唆的，去不去给一句话吧。"

"不是我啰唆，我自己干活的，总要问个清楚吧。"

"去不去啦？不去我找别人了。我看你比较本分，人长得也端正，才找你的。"

"让我想想吧！"志英低下头又抬起头，左顾右盼地看着围观的人群，显出一丝犹豫之意。

年轻的雇主显得很不耐烦，便猛踩油门离开了。在远去的汽车轰鸣声中，一股傲慢与轻视的情绪弥漫在劳务市场的上空。

这是在劳务市场边雇主与女性农民工的一段对话。看来，志英对这一场景早已习惯，也对自己的身份和处境有所领悟与定位。作为一名离开村庄的女性农民工，如同其他打工者一样成为声势浩大的"民工潮"中的一分子。这些流动的女性农民工因其庞大的数量，在市场化和城市化的背景下显得格外醒目，并成为一幅备受世人瞩目的社会景观。学术界也因此有了些关于女性农民工的研究，并取得了一些重要成果（外来女劳工课题组，1995；唐灿，1996；佟新，2003；朱虹，2008；何明洁，2009；潘毅，2005，2007；杰华，2006；Lee, Ching Kwan，1998）。

尽管许多研究成果在视角上存在种种差异，但它们仍然具有共同之处：一方面，力图在全球化与市场化的语境中，探索打工妹群体在工作生活环境中所遭受的体制性的压迫和剥夺。这些研究皆向读者展现着她们艰难的生存样态和处于底层边缘的社会地位，并生动地揭示了这一群体被国家、市场，以及传统文化所利用、剥夺，甚至抛弃、淘汰的社会现实。另一方面，尽管打工妹群体处于当代中国社会底层边缘，但研究者们都采用自己的方式努力建构打工妹群体的主体性，并借此反映出该群体在社会结构与现行制度的夹缝中，如何进行抗争。但是，我注意到，有关女性农民工的研究均将研究对象集中在年轻的打工妹范围之内。这一缺陷在一定程度上影响了对女性农民工群体境遇的整体理解与思考。

我认为，在全球化、市场化以及国家权力主宰之下的女性农民工并非只有借助"劳动场景"才能被加以呈现和揭示，还有其他能够对其进行分析的场域。本章通过我在农民工劳务就业市场进行的田野研究为个案（王华，2011），描述在劳务市场应聘的中年女性农民工被性骚扰和侵犯的经历。并将女性农民工置于"身体政治"的话语中，重点关注在结构性暴力中的女性农民工，考察她们如何在空间性隔离体制下被关注、利用和控制。而来自男性农民工的性骚扰与侵犯，又是如何使她们的身体遭受到活体试验般的恐惧与疼痛。在本章中，还将揭示她们如何通过利用自己的身体斡旋于男性之中，并进而在一定程度上驾驭劳务市场。我将此认定为来自底边的一种抗争市场化。

第一节　何以家为？

在工厂里，农民工们每天在劳动制度的规训之下，被剥夺了劳动阶级主人翁的主体地位，将自己的身体交给了资本，从事着异化劳动。这种"身体"在城市工厂岗位上的"在位"与社会身份为农业户口的"错位"状态，是决定中国公民无法拥有平等公民权利的主要因素。对于农民工群体中的女性而言，这种处境显得格外引人注目。走出家门的女性农民工处于国家对社会治理模式的管控之下，无论她们身在哪里，户籍制度仍然控制着她们的生育，进而控制了她们的性和身体。❶ 女性农民工的身体与国家的治理联系在一起，并使她们局限在以身体为中心的场域中。社会转型削弱了性别平等的制度支持，并在城市的劳务市场中加速了性别的离析。跟男性相比，女性农民工要想进入主流的工作职位所遭遇的困难更大。她们只能从事地位较低的工作，忍受着从属低贱的屈辱（Fan，2000；2003）。这一切让女性农民工们的身体承受着不能承受之重。对她们而言，属于私人领域的身体都是政治的，而政治问题最终都通过个人问题呈现。

在本章中，我借鉴人类学家邵京先生的观点，将身体和政治的关系分为两个方面来看待，即身体的政治和政治的身体。在身体的政治里行动的主体是统治者，客体是被统治者，治者主动施政于受

---

❶　参见 2009 年版的《流动人口计划生育工作条例》。

治者的身体，因而身体的政治是一种治理术。与此相反，政治的身体首先是被政治化了的身体，而且是受治者主动施行的政治过程。作为主体的受治者对抗的是统治者，是强加在其身上的权力（邵京，2009）。以下要讨论的主要问题是：女性农民工如何成为 "身体的政治" 之典型的对象（subject）呢？在国家与市场当中，她们为何会遭受同样来自底边的男性农民工的百般欺凌，而转变成 "政治的身体" 之积极行动者的呢？

在以往的研究者，大多著述对工厂里的女工给予了特别的关注，而鲜有以打临工或待业的女性农民工为研究对象的学术成果。但在我看来，她们的遭遇与工作中的打工妹大不相同，很值得探讨研究。因而，在田野中，我特别关注这方面的资料。据我的田野调查，劳务市场上近百个女性农民工大多已是四五十岁的年纪了。她们之所以来到农民工市场，主要由于夫妻离异或家庭暴力。

来自巢湖的志英告诉我，在二十多年前，她经人介绍嫁给了外村一个能干的小伙子，并在次年生下了一个可爱的小男孩。这是志英从父家嫁到夫家，迈出了女人成功的第一步。妇女生了孩子，尤其是男孩子，她在夫家的社会地位会顿时得到承认（费孝通，2002）。然而，之后的生活并非一帆风顺。她夫家一家人嫌弃她脾气急躁，又没本事不会赚钱，从起初的看不起她到后来的打骂，甚至虐待她。

"小男孩三岁的时候，他就嫌我没本事，整天欺负我。后来闹到离婚了。"

"在法院判离婚之前，他们家去送礼给法院的人。后来判小孩以及所有的财产都归男方。离婚之后，我才知道，小孩爸爸一直有相好的，是工厂里的工人。我们离婚不久后他们就结婚了。"

"那时，我只身一个人出来了。以前我还经常去看看小孩，但是他们不让我看，我买东西给小孩，小孩也被教育的不认识我，不要吃我的东西。后来干脆搬了家，我找不到他们在哪里了。现在算起来小孩今年 21 岁。不知他长得怎么样，我已经十多年没见过了。以前我想小孩，现在也想通了，不去想小孩了，想了没有用，见不到，见到了也不认识了，已经没有感情了。"

在一切都被"钱"侵蚀的年代里，志英成了牺牲品，只好选择离婚来躲避无休止的家庭矛盾。这种因为离异而出来打工的女性在劳务市场比比皆是。用她们的话说，"有家谁还出来呀？"

家庭暴力也是女性农民工离家的一个重要因素。来自湖南的素梅就是因为不堪其害而从家里逃到南京打工。素梅告诉笔者，其丈夫原是一位退役军人，脾气暴躁至极，对家人的要求极其苛刻，稍微有点不顺心，则对家人拳打脚踢。她左手臂的伤痕就是因为丈夫赌博输了钱将怨气发泄至其身上所致。

由此可见，这些女性在家庭矛盾的风口浪尖上，无奈地选择离开。女性因反抗家庭暴力从农村出走是对传统男权主义的家庭制度的挑战，农村妇女逐步从任人摆布的角色中摆脱出来，获得了主体能动性，积极地走向城市选择打工生活。由于治安部门通常对家庭暴力不作为，因此进城找工作对于经历了不幸的她们来说，也不失为一种理性的选择（祝平燕、周天枢、宋岩，2007）。

然而，对于一个单身进城的女性农民工来说，找工作并不那么容易。即使能获得一份工作，往往也是临时的，只提供基本薪水和食宿，其他的保障一无所有。她们所具有的技能和城市职位的要求存在着差距。志英曾经应聘护理年迈老人的工作。但是刚工作几天，脾气古怪的老人说她为人不够乖巧灵活，对志英的活计也挑三拣四。雇主见志英没法让被照顾的老人满意，便在一个月后打发了她。而红云曾被一家私人幼儿园聘请去厨房洗菜做饭。这份工作的工作量比起工地小工要少很多，而且可以随便吃饭，她很满意。但是新的问题让充满希望的打工生活终结了。幼儿园辞退她的理由是，她只会做大鱼大肉的简单菜肴，不懂得幼儿食物营养的合理搭配。而且菜肴的口味浓重，不适宜幼儿的胃口。这些菜肴完全忽视了幼儿身体的健康成长，长此以往会影响到该幼儿园的招生。

对于已过中年的她们来说，现在能找到的不过是洗菜、洗碗、打扫卫生之类的工作。目前城市的职位标准对求职人员的要求越来越高，而由农村进城打工的女性过去没有受过良好的教育，现在又没有经过职业培训，因此在整个就业市场上的竞争力越来越弱小。虽然全球化所引起的就业结构的变迁让更多的女性农民工参与工作，但市场转型削弱了对性别平等的制度支持，并在城市的劳务市场中加速了性别的离析。

由于再教育和培训方面的性别不平等，女性农民工不能获得与男性同等的条件。女性要想进入主流的工作职位所遭遇的困难更大，她们只能从事劳动密集型的组装工厂和服务行业。这无形之中使女性农民工被边缘化与隔离。另外，她们的经济收入、赋权、机会、能力以及安全感等面临着更大程度的体制性障碍，陷入贫困深渊的几率大增（侯静娜，2006；Fan，2008、2003、2002、2000；Huang，2001；Liang, et al，2004；Roberts，K. D.，2002）。

没有工作的她们，只得回到结构性之内或之外的空间——劳务市场继续找工作。对她们而言，找工作并非那么容易，更多的时间消耗在永无止境的等待中。就在这无限期的等待中，她们受到了无休止的骚扰与侵犯，苦不堪言。

第二节 侵犯与代价

在工作面临种种困境之时，处在劳务市场上的女性农民工的人身安全也越发令人紧张与不安。国家治理术把农民工与其家庭隔离开来，导致的后果是男性农民工与配偶、异性伴侣的分离，他们的欲望无法从正常渠道得到的满足。其结果，一方面催生并繁荣了性买卖市场，导致农民工感染 STD 和 HIV 的几率大增。另一方面，他们必定会对特定范围内的异性实施性骚扰甚至性侵犯（李娟，2011；

张晓红，2007；工作场所中的性骚扰研究课题组，2009；唐灿，1996；Yang，X. et al，2007；Yang Xiushi and Guomei Xia，2008；Yang Xiushi and Guomei Xia，2006；Li，X，Fang et al，2004；Yang Xiushi，2004）。我调研的劳务市场就属于演绎着这些故事的特定范围。

图6-1　待业的志英

由于形象好，五官长得端正，一些女性时不时地便被其他男性农民工调戏和骚扰。

志英告诉我："当时还没有这个市场，那时还在中华门那里就已经来到南京了。"

"刚来到南京，有人经常调戏、骚扰我。现在年纪大了，差不多五十岁了，这方面好多了。不过，在2008年夏天，还遇到过一回，那次很严重。一个市场中介人员的亲戚，在饭馆吃饭，我也进去吃饭。他不老实，摸我胸，我没有理他。后来，他以为我害怕，更胆子大了，又来摸我屁股。我脾气急，就和他打架。但是他力气比我大，一把薅住我的头发，把我摔在地上，对着我的头乱踢。我的头当时被他打得疼死了。"

"他还叫围观的人来给他评理，赖我借他钱不还，想逃跑。我根本就没有向他借过钱。但当时根本就说不清。人家不知道是真是假，都在看热闹。"

"我虽然力气小，只能少打他几下，但是我不怕他，和他对打。但毕竟是女人，还是受欺负。"

"后来，市场的保安和警察都出来了，把我和他都骂了一顿就算了事。他们都是一伙的，拉偏架，还批评我先动的手。到现在几年过去了，我的头在变天的时候还痛呢，以前不痛的。"

"一个女人出来很难，很苦。有时晚上一个人躺在公园里睡觉，半夜醒来想想自己的处境，哭哭，再睡睡，再哭哭，再睡睡，我命运不好。"

"我现在已经八年没有回家了，一个人在外面时间长了，什么东西都看淡了，没有牵挂，也不想回娘家。也不想再找老公了，这里的男人不可靠，都想睡你……一个人过一天算一天。有时想想以后年纪大了怎么办，没钱没亲人，有个感冒咳嗽的，连个倒水的人都没有。我也哭过，没用，谁叫我就是这个苦命呢。"

"在南京我没有碰上过好人，我不喜欢南京。"

志英的遭遇让人听起来就已经毛骨悚然了，而她的同伴红云却有着更可怕的遭遇。红云同样是离了婚，从皖北夫家出来打工的妇女。为了省钱，她放弃了投宿旅店，而选择在尚未拆迁完的破房子里将就过夜。半夜时分，两个男性农民工趁她熟睡之际，悄悄地溜进来，生猛地爬到她身上欲图占有红云。她不愿意并拼命抵抗。那两个男性农民工气急败坏地狠狠地揍了她。结果她的两个门牙被打掉了，一根手指也被砍断了。在其他人看来，这些事的起因是"谁叫她长得白呢？"

一个女人长得五官清秀、皮肤白皙，应该被认为这是上苍对她特别的眷顾，感到欣慰才是。然而，有些女性农民工却为此付出了泪与血的惨痛代价。这些被毒打、被性骚扰与性侵犯的遭遇在劳务市场的女性农民工身上时有发生。相形之下，工厂女工之身体的痛楚就显得微不足道了（潘毅，2007）。经济边缘化与社会隔离，加之与家庭和社会网络支持的疏离，强化了移民女性不平等的传统性别角色，致使其在男女性关系中处于劣势，反过来会促使她们更易于受性剥削和从事不安全的性生活（Bandyopadhyay, M. and J. Thomas., 2002；Parrado, et al, 2005）。面对这些随时会出现的恐惧和危险，劳务市场上的女性无奈地选择了另一种生活方式。正如吉登斯所认为的那样，个人首先对身体的基本能力与所处的环境有所熟悉，然后才能实践其身体的能力（吉登斯，1998）。

为了生存和获得庇护，很多女性农民工在劳务市场里找了相好。待业时，白天帮助他洗衣做饭，夜晚陪他睡觉。如此，她们的日常生活便安静许多，再也没有人敢对她们怎么样了，虽然偶尔会有来自"相好"的虐待与拳脚。来自安徽泗县的小郑找了一个相好，两人在下面的小镇附近租了一个房间。

图 6-2　红云在跟同伴聊天

小郑告诉我，"去年年底打工一个半月，挣了两千二百块，被他拿去赌牌九，后来全输光了。反过来还问我要钱花销。如若不给，他便走上高架桥威胁跳桥。我当时都恨死他了。后来想想，怎么办呢，没办法，混混日子吧。"

"有一次，他输钱了，又在外面喝醉了，便将怒气发泄在我身上，不停地抽打我的耳光。没办法了，这样下去我要被他打死了。我拿起菜刀砍他的手，他才肯罢休。"

旁边餐馆的服务员小张跟小郑是好朋友。她告诉我，小郑跟他相处了两年多，已经为他至少刮宫流产过五六次了。而现在他死活不答应去找活儿干，丢下一句"等我玩腻了再说吧"，便又消失在人群中。

小张很无奈地向我摇摇头说，"你看到了吧，劳务市场什么人都有"。

在一项对农民工性行为的调查中也显示出类似的结论，孤独、省钱、安全感成为女性农民工和男性生活在一起的最普遍的因素。而且生活来源不足的女性农民工更可能与男性发生性关系，反过来男性会帮助她们渡过难关。他们频繁地像夫妻一样生活在一起，但这最终很少会形成真正的婚姻关系。在这些关系中女性常常处于很被动的地位，因为她们完全依赖于男性，而男性却可以不负任何责任地随时随地抛弃她们（Zheng et al，2001；Wolffers et al，2002）。

第三节　唯一的资本：身体

红云白天在劳务市场里嗑瓜子闲逛，并不刻意寻找工作。到了夜晚她便凭借出众的身体优势，利用男性农民工生理需要的机会，趁机顺势增加自己的收入。更能吸引她的是，男性会"大方"地提供包括可口的晚饭、干净的床铺、洗澡热水等待遇。这些附加收益使漂泊在外的红云多少感到一丝家庭的温馨与短暂的安全。

一些研究表明，女性农民工相对高比例的失业率和工作集中于服务、娱乐业是她们从事临时的或商业性的性交易的关键因素。因为移民和性别不平等双重风险加剧了她们卷入从事性交易的高危活动当中。年轻的女性在面对严峻的就业形势，加上脱离家庭环境监督的情况下往往寻求临时或商业性性行为作为谋生手段，以维持自己的生活。女性农民工有着比男性更高的从事性交易的比例（Yang and Xia，2006）。

图 6-3　附近旅社霓虹灯闪烁，性交易的床铺

我注意到，红云并不主动寻找客户，恰恰相反的是，红云挑选找上门来的客户——年老且有钱的城市居民或农民工。用红云的话来说"晚上可以睡得安稳一些。"有钱人出手大方，绝不会只办事不给钱。在此，我们看到，在一切向钱看的年代里，经济主义的观念深深地影响着身临其境的每一个人，对身处户籍体制、市场资本、男权主义和劳务市场之"底边社会"（乔健，2007）的女性农民工而言更是如此。

然而，不管是志英也好，红云也罢，这些女性农民工的身体并不是单纯地处于如福柯所言的被训练、被折磨、被强迫的位置上，而是具有主体能动性。她们通过自我的身体去利用、操纵甚至控制围绕在她们身边的男性，男权宰制下的身体政治因此而遭到来自女性身体的抗争。我在调查中经常见到男性农民工为了女人而互相打斗的血腥场面。素梅阿姨向我道出其中玄机。在市场内与其他男性发生冲突时，有"相好"的女性便马上跑去告状。于是，打架就在所难免了。

我在田野调查中曾经问红云,"如果你被欺负了或被勒索了,怎么办呢?"

红云看着我,信心百倍地对我讲,"谁敢?老娘找人砍他!"

红云告诉我倘若遇到大事,她不会找市场里的人直接帮忙,而是叫市场里的人帮她到下面的街上去请打手,之所以要这样做就是让对手慑于她的能量和势力。当然,这些激烈打斗的场面毕竟不是时刻发生的,更多的时候她们会在待业的男性农民工中间来往穿梭,谈天说地,以期利用男性的遐想来为自己谋得一份晚餐或一件漂亮的衣服。

除了寻求保护之外,女性农民工还以身体为资本与雇主进行抗争。在田野中,我发现经常有雇主招聘夫妻工。这时,这些"相好"男女搭配的优势就明显体现出来了。另外,有些雇主也非常精明,常常在招聘时开出的招聘条件与实际的工作待遇完全不同。为了避免盲目的就业,许多女性农民工会利用男性人脉资源找到相对"理想"的工作。当然,这些还不是最要紧的。倘若碰到欠薪的雇主,一般情况下农民工往往落得自认倒霉的无奈境地。然而,劳务市场里的女性却并非逆来顺受、任人摆布。

红云的姐妹亚芬的例子能够给我们展示这种抗争的力量。亚芬被雇主聘去给工地装修的工人煮饭,口头协议是一天50元,包吃包住。但一个多月后房子装修好了,雇主只发给她1200元,尚欠850元,亚芬追讨多次无功而返。誓不甘心的她说服了市场里对她"有意思"的几位男性农民工,带着榔头、斧头、凿子等劳动工具上门讨薪。雇主被这出乎意料的阵势震住了,最终将所欠的薪水付清。亚芬付出的代价是满足他们对其身体的渴望。

我们可以看到,俨然种族隔离一般的户籍制度无情地将从农村到城市的打工者的公民权利彻底剥夺,使其成为只剩下身体作为最后一份私产之赤裸生命。在工作无望、生活艰难的境遇下,她们只剩下一副让男性产生无限遐想的身体而已。在一切都商品化、将一切都货币化的畸形年代里，她们仅仅是为了能够生存得安全一点、安心一些，而将自己的赤裸身体当作了主人，驾驭着劳务市场的整个夜晚。女性在自身身体受到难以磨灭的规训、压迫甚至性侵犯的同时，又游刃有余地利用自身的身体，达到其利用、控制男性甚至抗争的意图，亦即身体的政治和政治的身体在女性农民工身上同时得以展现。

身体作为个人最后一份私产，连一个穷困潦倒的乞丐都会拥有，并能对其驾驭自如（汪民安，2006：23）。然而在权力和资本的合谋下，"给它打上标记，训练它，折磨它，强迫它完成某些任务、表现某些仪式和发出某些信号……只有在肉体既具有生产能力又被驯服时，它才能变成一种有用的力量"（福柯，2007：27）。

无论是志英、红云还是素梅、亚芬，她们所经历的遭遇比产业工人来得更加隐蔽。她们是一群被户籍制度、市场资本以及男权社会压迫、剥夺、侵犯的赤裸生命，是现实活剧里的一号主角。虽然福柯的权力与性的关系被女权主义解读为具有某种非政治化倾向，使之失去女权主义的旗帜（张喜华，2010；李银河，1997）。然而，从劳务市场的田野调查中，我们并未看到一个采取政治行动的女性群体，我们所看到的，仍然是处于福柯的观照中演绎着权力和反抗故事的群体。

中国的现代化需求大量农村劳动力。然而，城市的管理者利用户籍制度把进城的外来者加以限制，将他们污名化为素质低下的群体。无论农民工流动到哪个城市，国家的户籍制度与城市管理政策早已将他们的公民权利在涌入工厂之前就从根本上予以剥夺，使之转变为只拥有劳动力的躯体和赤裸生命，一个活脱脱的生物性存在，任由权力与资本"合法地"挑选、捶打、形塑、利用甚至侮辱蹂躏。基于此，类属农业户口的人无法获得合法定居城市的权利，也享受不了与城市居民同等的社会福利与服务的权利。但同时他们从事的都是需要体力的廉价的"险、脏、苦、累"工作，并处在"招来挥去"的弱势地位。

　　这一切的事实表明，同样处在一国范围内的公民，却不能获得同等的公民权利，甚至于生命都处在风雨飘摇之中。当然，笔者并不否定改革开放后的中国所取得的巨大成就，但这并非表明我们可以忽略那些为此做出巨大贡献与付出巨大代价的农民工群体。本章透视劳务市场中女性农民工的底层边缘的生活之意义在于：提醒当政者在追求效率优先的同时，也须关注、尊重和保护农民工，特别是女性农民工的利益，给予他们公正平等地享受公民权利的机会，绝不能让他们承受转型阵痛的折磨，更不可使他们成为现代化进程中的牺牲群体。

第七章
危险的愉悦*

* 本章内容曾以"农民工及其'性疾病'实证研究"为题，刊于《云南民族大学学报（哲学社会科学版）》2013 年第 6 期，部分内容有增减。

门槛之外 ——城市劳务市场中的底边人群 ▷

在上一章中，我讨论了身体和政治的关系，即身体的政治和政治的身体两方面同时在女性农民工的身上得以充分展现。在工作无望、生活艰难的境遇下，她们只剩下一副让男性产生无限遐想的身体而已。在一切商品化的怪诞年代里，她们仅仅为了能够安全自保，而将自己的赤裸身体当作了主人，驾驭着劳务市场的整个夜晚。女性在自身身体受到难以磨灭的规训、压迫甚至性侵犯的同时，游刃有余地利用自身的身体，成为了能动的行动者。

在以下的讨论中，本章将围绕劳务市场上的农民工感染"性疾病"的问题而展开。我将关注无法进入产业中的底层、边缘的农民工群体感染"性疾病"状况，以及被宰制的农民工通过各种方式与权力治理术的身体政治进行周旋的过程。在此基础上，本章还对目前的卫生管理方式和学术的研究倾向做一定的反思。本章的基本立意是：我们应该关注这群特定的农民工群体，无论他们来自何方、地位如何、有过怎样的经历。他们的艰难生存样态以及为之挣扎的努力，深刻地反映了当下社会治理思维的简单粗糙。因此，国家的治理者应该转变视角，去关怀底层边缘农民工的现实境遇，这是作为和谐社会的基本要求。

去年的深秋时节，我像往常一样在劳务市场里与他人访谈。临到市场下午关门的时间，我们被一股脑儿地赶出市场，一头栽进了阴冷的绵绵细雨中。顿时，马路上好像一下子冒出了许多农民工，在淅沥的夜雨中奔跑四散。唯独一个人还盖着被子，躺在湿滑的人行道上，蓬乱的头发耷拉在苍白的脸颊上，纹丝不动。

这时候劳务市场上驻守的两个警察和三个保安来到跟前察看。许多农民工也一窝蜂地跑去看热闹，嘴里喊着又死一个喽。只见警察踢了踢躺在路边的这个农民工，大声地问道，身份证呢？过了好长时间，那个蓬头垢面的人努力地翻了一个身，睁开了红肿的眼睛。他试图挣扎着翻身起来，但没有成功，只好摇了摇头。看来他已经说不出话了。

　　警察抬起头，环顾了一下四周，大声地问有谁认识他。没有人回答。过了很久，旁边有个认识他的人说，他在这儿躺了已经有十多天了。一开始还说话，吃东西。后来不吃饭了，就喝烧酒，喝醉了就倒下睡觉，一直到现在。另一个小伙子对警察说，昨天就见他嘴里吐黄水，后来小伙子给他两块钱叫他买东西吃。

　　一个上了年纪的农民工走进摸了摸他的额头说，烫得厉害，发烧了。

　　警察和保安听后，说了几句话就离开了。看来，他们对这种情况也爱莫能助、无能为力了。

图 7-1　患病的老李

　　但其他人并没有立即离开，七嘴八舌地议论开了。

　　旁边一个操着东北口音的农民工说，"中国人太多了，死了个把两个无所谓了。刚才警察跟他说什么来着，叫他别睡在这里。满大街的都是人，来来往往的，影响市容，多不好啊。叫他要睡就睡到菊花台的亭子里去，或睡到山上去。警察都管不了，政府也不管，这叫什么世道啊？"

　　"现在送他去医院挂两瓶水，养几天，他就能活过来了。"

　　"谁给钱？我们自己都没办法照顾自己。"

"现在医院要先交钱，才让你进去。"

"人家也是做生意的，也要生活的。没有钱肯定不要你进了。不可能倒贴给你吧？"

"送他去救助站。"

"救助站也坏得很，强迫你干活。不会白养你，白给你钱回家。"

"你现在问问他愿意回家吗？家在哪儿都说不清喽！"

"农民工就是这个命！"

"世道就这样！没办法，自己照顾自己吧。"

天越来越暗，气温越来越低，我冻得浑身瑟瑟发抖、直打冷战，只好走到地铁口，才觉得一阵暖流扑面而来。人来人往的地铁站内一派繁荣景象，人们手握 iPhone，衣着考究，谈吐优雅，面带自信，就像在天堂里，而地铁站外则好似黑暗深渊。此刻的安德门就是一座架通地狱和天堂的生死门。

第二天，我没见到这个农民工，不知道他的离开是暂时的还是永远的。在劳务市场，一个外出打工的民工就这样悄悄地来，又静静地离开了，没有人看到，更无人问津。

后来，我到处打听，得知他被送进了医院，便马上去医院看望他。但我到医院咨询，医生说他已经出院了。在我的一再央求下，医生透露，这位农民工患的是梅毒，而且已是三期了。医生见我很惊讶的表情，用鄙夷的眼光瞥我一下说，"像他这样的农民工我见得多了"。此刻，我意识到对劳务市场里的性问题应该特别留意。接下来碰到的困难却是我没有料想到的。我去医院和有关机构咨询农民工性疾病的问题，开了介绍信也不管用，被问得最多的话是干什么用，而我得到最多的回答是这个比较敏感。究竟是我的问题使他们过敏，还是农民工性问题本身令他们敏感，我弄不太清楚。但不管怎样，这些貌似反常的举动恰恰让我意识到研究农民工性问题的重要性，也给了我认识在中国城市中有关农民工"身体政治"的崭新可能。

第一节 结构性"光棍"

福柯关注政治肉体，视之为权力和知识关系服务的技术手段或中介，并借此把身体当作实践对象来干预、管理、控制甚至征服。而《性经验史》以性为研究对象，进一步探讨身体、真理和权力的关系，亦即考察在人类历史中"性"是如何被权力操纵、利用以至于改变的。通过对生命政治源起的历时刻画，福柯将统治者虚化，而将受治者漫化了，完成了从有形的身到无形的灵的转变（邵京，2009）。对此，谢里登（Alan Sheridan）指出愚笨的暴君用链条锁住奴隶，政治家利用思想观念禁锢他们，而智慧的贤君的统治是建立在大脑的神经纤维上（谢里登，1997：16）。因此，在权力与身体的关系上，福柯阐述了权力微观治理是通过灵魂操纵身体，达到对人的身体控制的终极目标（李银河，2001）。

实际上，人类的身体本身是有特征的。这些特征成为了标识，被赋予社会的褒贬意义，例如肤色，这是可以看得见的标识。另一种身体特征是看不见的，用现代医学的眼睛去看这类身体，结果会比看得见的标识更加尖锐，比如在我们这个社会遭到歧视与排斥的乙肝患者或携带者。以上两种源于自然或生理的身体特质所凸显的身体标识。倘若我们将这点启发沿用至社会某一群人身上，就成了"体制烙印"的身体隐喻。这在福柯看来是随着社会转型发展，权力与市场相互交融的结果。这个道理可以用 stigma 来说明：历史上，西班牙古老的游牧部落在交换商品时为了区别自家与他人的牲畜，就在牲畜身上打上烙印。随着其他商品的流通，生产者开始将制造者的姓名刻在产品上。除标记制造者姓名之外，产品上还出现标明行铺、作坊名称的标记，最后发展成了图案、文字和图文并茂的商标。这是针对商品而言的。假设我们将其烙在人身上，情况就有点不同了。

当代中国的户口制度以及其他的管理措施把国民分为农业人口与非农人口，"乡下人"丧失了在自己的国家内自由迁移和在城市定居的权利。市场、资本的力量消耗极有限的人力资源成本便可对农民工进行"合法的"挑选、压榨和利用，而很少顾及农民工的"人的再生产"的实际开销。一方面，国家权力积极主动地为资本开道，并提供优厚的条件满足投资者利益最大化的欲望；另一方面，市场资本贡献出作为当局政绩标志的高额 GDP 和丰厚利税。然而，国家权力与市场资本的"共谋"却给农民工造成了诸如就业歧视、薪水低下、医保缺失、子女就学困难、老人赡养难等一系列的客观现实问题，迫使农民工不得不选择孤身出来打工，而把住房、养老、育儿、教育等问题放在了农村。对农民工本身而言，进城意味着与配偶、异性伴侣的分离，他们的欲望无法从正常渠道得到的满足（Yang and Xia，2008；Yang，Derlega，and Luo. 2007），产生出一大批的结构性光棍。

在田野调查中，为了体验劳务市场上农民工的真实生活，我曾经和他们一起在标价五元一晚的旅社里过夜。房间里面没有床铺没有被褥，只有冰冷的水泥地和自来水。男的在外间女的在里间，中间只用一幅厚门帘隔开。由此可以想象五元店的睡眠条件和卫生状况。每当夜晚来临，陆续有农民工进来住宿。卧谈会的内容五彩缤纷，当然以黄色为主色调，从偷窥老板娘洗澡到按摩小姐的身体，从揩油的兴奋到机会丧失的懊恼，不一而足。趁着微弱的灯光，他们时常提醒我有人正对着女性房间手淫，接着便是一阵谩骂和嘲笑。在白天的劳务市场里，调戏骚扰女性农民工的现象更是屡见不鲜（王华，2012）。如果我们将窥阴癖、揩油、手淫、骚扰等归咎于性压抑的话，那么这种制度性光棍无非是与权力、话语、身体等复合机制产生的结果有关。说到这里就有点福柯的味道了。

在《性经验史》里，福柯开篇分析了性压抑假说。该假说认为性在以前都是自由的，但是从 17 世纪开始便受到了压制，直到最近反抗性压抑的力量才成长壮大以至于形成对抗态势，使性得以重获自由。然而，福柯批驳说，17 世纪并不是一个准确的节点，在这前后性都有压抑或者存有自由的一面；在话语、知识等领域，性以各种话语形式被言说传诵。因此，性和权力并非完全对立，两者可以交融相长、浑然一体，性存在于权力之中并成为其运作的手段。而在此处，国家的意志通过制度来实现，并不直接作用于人的制度，一定会产生多元的施行结果，有些甚至是意料之外的，户口制度便是一例。"户口"这个属于国家治理术的概念，关注的是户内的"口"而非"人"本身。类属农业户口的人失去了在城市合法定居的权利，也失去了享受与城市居民同等的社会福利与服务的权利。当然还有这里讨论的性权利。

上文提到的患梅毒的农民工老李来自曲靖。来宁之前，他曾在深圳打工多年，后来辗转无锡从事冲床锻造工作。工作待遇不错，只是太危险，车间里有个工人不小心把手给冲掉了。今天我又碰到他了，看他的气色明显比前些天好多了。他正在垃圾筒里挑别人扔掉的衣服和被子。这些衣服和被子污秽不堪，散发着霉味和阵阵恶臭。但他很珍惜地把这些衣被叠好，塞进一个同样是从垃圾堆上捡来的编织袋里，并对我说，"现在保住了命。这些都可以穿的，这个也可以盖的，我先拿去晒晒。以前那些都被人拿走了。"说完，他像捡到宝贝似的，拿到对面的绿化灌木上暴晒去了。

我问："你这几天去哪儿了，很多人都很关心你呀？"

"看病去的。"

"谁带你去的？"

"120，去挂水。"

"谁叫来的120？"

"好心人吧。"

"以前干过什么工作啊？"

"以前呢，在无锡做，那边工资好高。危险，不敢做了。"

"为什么？有钱好啊。"

"我在一个公司里做冲压。一个月两千多，待遇很好。一百八十吨的锤头，要把铁块冲成半公分的成品。车间里有个人，把手给冲掉了。结果车间里跑了一半的人，留下的停工了五天，心理压力太大，不敢干了。"

"老板赔吗？"

"怎么不赔？老板有规定的，整个手冲掉六十万，一个大拇指十万，食指八万，中指六万，无名指四万，小指两万。还给医药费，误工费四十块一天。这有什么用呢？手都没有了，太可怕了。"

"看完病了，怎么又来这里？"

"医院把我赶出来了，他们不要我待在里面。像我这样，送到医院多得很。还有的被送到救助站去了。"

"为什么不回家呢？"

"没脸回去，我出来五年了，一分钱都没有存上，不好意思回去。"

我接着问他家庭的情况，他说："早就离掉了，小孩他妈也不知道做什么了。我问儿子，你妈妈做什么，他总嫌我管得太多。后来我就不问了。我儿子还是争气的，在深圳那里读大学。现在是由我以前的老婆和她弟弟供他上学。要是儿子知道我这样肯定骂死我了。"

我递给他一支烟，他猛吸了一口，说道："你们都是好人。"

同事的工伤事件给他造成的心理阴影和家庭的变故令他的生活变得无所适从、毫无意义。老李以前每月拿着2000元左右的薪水，到这里却如此落魄。我当时就在想，他或许有不良嗜好，或赌博或有男女关系。后来我得知，原来他经常去找小姐。

"最起码一个月要去五六次嘛，这是生理需要啊，人不做爱的话就会憋出病来的。"

"来这里后去找小姐了吗？"

"找过，就在下面小巷子那里，很多，六十元一次。"

"你是农民工，她们会理你吗？"

"去的时候我不邋遢，把头梳梳。你不说，她也不知道的。下面小巷子里的女人比市场里的漂亮，又年轻，皮肤又白。进去了先跟你说话啊，调情嘛。人不是动物，讲感情的。你把她弄开心了，她会很高兴，还叫你下次去找她，会打折的。"

而且老李说他讨厌戴套，因为那样就像穿着袜子洗脚，感觉不好。同样，年轻农民工小丁也经常去"按摩"，而且热衷于不断转换阵地、更换伴侣，不断地向我吹嘘他的战绩。

田野调查中，我发现类似他们这样的人并不在少数。每到夜晚，劳务市场下面的小镇上各个红灯屋内的生意很是兴隆，小姐们迎来送往忙得不亦乐乎。假如问题急着要解决，但钱不够怎么办？老李向我透露，"那就不去按摩店了，到市场里找个凑合凑合嘛"。说这番话的时候，老李无意中透出一丝轻视的口吻，也许他根本瞧不上劳务市场里的中年女性。老李说的情况在劳务市场里确实存在，而且比较普遍。由于传统的价值观念和社会分工的因素，过去没有受过良好的教育，现在又没有经过职业培训的中年女性农民工，享受不了同等的就业机会，在整个就业市场上的竞争力越来越弱小。她们之所以来到农民工市场，主要由于夫妻离异或家庭暴力。

对于已过中年的她们来说，受到了更加不平等的对待，她们的经济收入、赋权、机会、能力以及安全感等面临着更大程度的体制性障碍，陷入贫困深渊的几率大增（侯静娜，2006）。正如 Xiushi Yang 等指出，劳动力的性别差异对妇女进入劳动力市场存在一定程度的限制，并制造了男女在经济上的不平等。这些加重了女性对男性的经济依赖，无形之中将女性推向高危的性行为活动之中（Yang and Xia，2008）。到了夜晚，她们利用男性农民工生理需要的机会，凭借自己的身体增加收入维持在城市里的生计。

在第三章中，我已从通过仪式的视角论述过农民工的流动情形。

在这里，我想强调的是特纳所言的"共态"。他认为，仪式具有鲜明的"过渡性"特征，其阈限阶段具备"超结构"的社会属性，并称之为"共态"（特纳，2006）。在这种超结构的社会状态下，社会的结构的力量暂时减弱或消失，受礼人彼此的差别丧失了，变成了地位平等的一员，完全服从那些仪式主导者的安排。实际上，特纳所说"反结构"的"反"有两层含义：自愿的和非自愿的。有些人出于自愿，主动站在这门槛上以规避缜密的社会结构。比如，嬉皮士"自主选择"从社会秩序中脱离出来，游走在主流价值观和当时的政治氛围之外。但也有些人被迫陷入阈限，浩浩荡荡的农民工大军便是一例。

全球化引发了深刻的社会变迁和就业结构的调整，祖祖辈辈耕种的农民被工业化的浪潮席卷进城打工。国家与市场的结构性力量将劳务市场设定为一个制度性空间，而进入该空间的农民工成为永远卡在门槛的人。在这种状态下，社会的结构性力量减弱或消失，所有的农民工彼此间差别消失，变成地位平等的一员，在没有结构性地位、没有财富、没有特权的情况下生活。

"过去"结构里对"性行为"的约束机制在"现时"的共态阶段消失殆尽，处于过渡性过程中的农民工在没有特权、地位、名誉、财产，甚至没有未来的情况下寻觅着危险的身体快感。由此可见，劳务市场里的农民工感染性疾病其实就属于共态的问题，而且是无奈的、被迫的共态。从按摩店到劳务市场，从性工作者到中年女性农民工，由于缺乏或拒绝必要的安全措施，他们的身体悄悄地感染上了淋病、梅毒等性传播疾病（STDs），并将之传染他人。他们不但是这些行为后果的受害者，而且也是STDs的传播者。所幸的是，人们的道德感绝不会对这类"社会丑恶现象"不闻不问，而是积极主动地对其采取措施进行干预、整顿。

第二节　国家的道德感及其仪式

通常意义上，国家的合法性是建立在其政治秩序和价值被民众接受、认可、同意的基础之上，而主流社会的道德观念便经常被搬来为其统治的正当性提供伦理支持。新中国成立伊始，国家便针对一切旧事物、旧体制进行翻天覆地的改造，包括对国民身体的改造，比如提倡全民做广播体操。无疑，被称为封建社会残余的性服务行业也自然在重点改造的范围内。政府把妓女收容在劳动教养所内给她们治病、培训一定的生产技能，最重要的是从思想上进行教育，让她们得到了拯救，从屈辱的历史中得到解放。对于新生的国家来说，消灭娼妓业象征着中国已变成一个文明、健康、现代的国家（贺萧，2003：317）。

20世纪80年代以来，性服务行业卷土重来，从业人数剧增。政府以净化投资环境、建设精神文明为由，对其进行严厉打击。受市场经济的影响，话语从以前的妓女或娼妓变成了"卖淫女"，强调的是金钱与肉体的非法交易。时至今日，国家的提法又换成"失足妇女"，表现了以道德卫士自居者对性工作者的一相情愿的人文关怀。各种提法不只是在命名，更在于压制、排除其他种种不合管理者逻辑的可能性（贺萧，2003：331）。

无论是妓女、卖淫女还是失足女，国家的管理者均从男权主义的立场应对性行业的变迁，国家的家长制心态让其感到有义务对这些女性负责，维护社会的稳定与坚守国家的道德底线。从20世纪80年代的"六害运动"到如今的历次"扫黄"（anti-pornography）运动是其采取的最主要的手段。

在田野调查中，我曾经跟随基层派出所参加过扫黄行动，突击对象是劳务市场下面的小镇按摩店，抓回的大多是农民工。原来该行动是接到居民的报警，报警人称附近地带性交易猖獗，影响居民

的正常生活秩序和生活小区的治安安全。处理结果一般是罚款 5000
元，交不起钱的拘留一个月。那些农民工当然选择了后者。

上文中提到的小丁，就曾因此被拘留过。他告诉我，对他来说
没有什么不好意思的，因为没有人会认识他，一段时间后又可以出
来了。现在他可算是个有经验的人，找小姐对时间、地点都有讲究。
每当风声紧时，小丁便会转移阵地，回到劳务市场找个中年妇女在
市场的后山上解决问题。这不得不让人感觉国家所采取的运动成了
一种合法化的仪式表演了。

在集体行为的仪式中参与者彼此共享着相同的经验与情感。这
种经验与情感维系某一社会的秩序，具有社会整合的作用并能激起
参与者的认同感。因此，仪式的象征意义会对社会成员具有心理暗
示作用。一个国家要建设成富强民主文明的现代化国家，就需要动
员优越于腐朽的没落的垂死的社会制度的仪式，以示与之区别。正
如席尔斯（E. Shils）指出："仪式包裹着政治行动与政治权力"
（Shils，1966，转引自范可，2011a：28-39）。

正因为如此，绝大部分国家都愿意通过精心安排的仪式进行其
合法性宣传，寻求道德支持。同样，政府把扫黄运动提高到国家政
治的高度也是出于类似的考虑。2010 年的春夏之交，随着北京的一
声令下，全国拉开了扫黄专项行动的序幕。一场发轫于北京的扫黄
行动向全国其他地区迅速传导。多个城市高调扫黄，查获了涉黄人
员数千人。有些地方甚至以月报的方式向外界透露扫黄的成绩。

一时间，平面媒体、电波媒体、网络媒体的新闻报道铺天盖地，
宣传运动战绩，赞扬扫黄英雄，痛斥涉黄行为，最后还总加上百姓
拍手称快的论调。作为一种全国性的仪式，扫黄象征激发的是普通
百姓的正义神经，调动的是慷慨激昂的社会正气。它属于一种强化
仪式，国家把这种政府治理术的过程仪式化，力图坚定其在民众心
目中的统治合法性和充满道德感的正面形象。

然而事实提醒我们仪式过程就好比一场戏，"演员看不看得懂剧

本，跟他们上不上得了台没有多大关系；观众听不听得懂唱腔台词，跟他们爱不爱看、捧不捧场也没多大关系"（邵京，2007）。扫黄的威势和战果并不代表性交易已经停止。恰恰就在小镇上的按摩店春意已尽之时，劳务市场的后山上却仍然一片生机盎然。田野调查中，老李告诉我，阵地早已转移到后山上了，而且还便宜。由按摩店转向劳务市场，农民工的性需求依然得到满足。当地政府的相关部门明知农民工使用了隐蔽的手段，但就是没有当面戳穿，因为这伎俩无伤大雅，反而更能说明扫黄的象征意义已经凸显。因此权力秩序和统治合法性可以得以维系，当局者自然高枕无忧。至于扫黄是否真的能够实现阻断性疾病的传播途径、促进公民的性健康的初衷，那就另当别论吧。

第三节　知识与治理

劳务市场上，农民工的性需求不会因为扫黄的来势汹汹而冷却消散，地点的转移使他们依然能够享受快感。同样，性疾病传播的途径也并不随着地点和性对象的转换而受阻。在田野调查中，小丁告诉我，去找小姐通常是要带套的。因为在他的意识里小姐接待的客人多，来历复杂，难免会染上性病。而在后山上的野合，他却从不带套，理由是从农村出来的她们很干净。

然而后来的发生的事情让他因错误论断付出了代价。他的生殖器官红肿又流脓，并伴有尿痛的感觉。我劝他去专科医院看医生，他惧怕大医院昂贵的医药费而不愿前往。在我运用有限的医学知识的劝说下，他只好妥协，去了小镇上的私人诊所。我们七拐八弯地在小镇的老城区转悠，终于在一处待拆迁的房子里找到小丁要去的诊所。房屋外面除了挂了一件白里带黄的医生工作服外，没有任何明显的标志。屋里的陈设倒像个诊所，架子上排满了各类药品，一张铁架子床和一张办公桌。床上躺着一个正在输液的女性农民工。

医生看了小丁的身体，便诊断他患的是淋病，要打青霉素。

在接下来的几天里，小丁被那位老军医唬得天天去打针。虽然医生因无行医执照对外人很警觉，但这却给我提供了了解农民工性传播疾病的一条捷径。类似这些性传播疾病，仅仅他的诊所一年至少会碰上五六十个患者，而且以农民工居多。夏秋时节平均两三天有就一个，一般病情较轻；春冬季的患者数量较少，平均一个月有两三个。但凡春冬季来看病的，患者的症状都到了严重的地步。患者数量随着时间分布而起伏，其中的道理不难理解：暖和的天气增加了性交易的频率，而贫穷使他们延误了治疗时机。虽然，我们无法仅凭这个非法行医者的诊断来判断性病的患者数量，但是他提供的情况却足以让人感到问题的严重性。

生活空间的穿越与环境的改变对农民工不洁的性行为起着推波助澜的作用（Yang and Xia, 2008；Yang, 2004；Yang, et al, 2007）。在传统的乡村里，农民们浸淫在儒家的"男女授受不亲"的传统思想里。由此形成的熟人社区环境以及自身家庭成员的监管，对他们的性观念和行为有一定的规训和约束效果。如今，步入这色彩斑斓、精彩纷呈的城市舞台，他们摆脱了来自家庭、社区的监管，挣脱了儒家伦理的束缚。由此产生了一个社会监管的真空，农民工们感到头上的紧箍咒松脱了，周遭监控的眼神消失了。

在陌生的城市环境里打工，脱离于城市的主流社会，他们从事着肮脏、劳累、危险的工作，处于社会与经济的边缘。不但受到城市生活的物质环境的刺激挤压，产生一些心理健康问题，而且让他们觉得难以融入城市的社会文化，感到无助不安，一些人甚至对城市生活充满不满和厌恶，易于从事高危性的行当。他们往往不愿意使用安全套，而且常常在醉酒的状态下要求获得性满足。有些顾客往往会利用价格的竞争机制压低嫖资，一些回头客甚至以彼此相识熟悉为名而巧妙地拒绝使用安全套。在农民工看来，生活的匿名性使得他们的行为变得胆大而肆无忌惮；生理上的需求和性服务的诱惑让他们无法抵挡。

根据卫生部的统计，2010 年全国报告的淋病发病数量为 105544 例，死亡 1 例，梅毒发病数量 358534 例，死亡 69 例。但是"报告"数量已如此庞大，那些"没报告"的呢？根据本市《性病防治管理办法》的规定，个体医生如若发现艾滋病、淋病和梅毒及疑似病人时，必须按规定向所在地卫生防疫机构报告。然而，故事中的老军医自然不会做这种自投罗网的蠢事，因为该《办法》还规定，未取得执业许可证而擅自从事性病诊断治疗的，除没收非法所得和药品、器械外，还要被罚款一万元。可见，农民工因为种种原因去宣泄性需求，结果患上了性疾病。患病后又由于贫穷等原因还不去正规医疗机构，偏偏拐弯抹角地找老军医治疗。恰恰老军医是非法行医，即使面对病例集聚的情况也不会上报主管部门。这些患上性疾病的农民工游荡在卫生部的视线之外，他们的数量也就无法进入卫生部统计数字。即便卫生科学知识做得尽善尽美，但干预性措施仍然不能覆盖到他们。

我去年曾经参加一个旨在干预性病、艾滋病人群的科研项目国际合作会议。参加会议的是国内外研究该领域的专家。中心议题是理解一系列基于网络关系的有关行为、潜在疾病传播与公共卫生等行为研究。会议上，专家们讨论最激烈的并非研究思路与问题本身，反倒侧重于商讨如何借助"想象出来的问题"获得相关基金的倾力资助。直到会议结束为止，研究的思路、技术路线和针对性问题都做了大量的修正，以求符合基金会项目评审委员会的"叙事知识"口味。这有一点利奥塔（Jean-Francois Lyotard）的味道了。科学知识想要推广被大众接受，一定得按照叙事知识的那一套才能顺利实现。科学家的能力在某种意义上取决于同道们的认可与否。否则便遭到如同哥白尼那样的学术命运。科学知识都希望自己是真理，但仅凭自身力量无法获得合法化，那就必须依赖叙事知识的套路以求认同。

因此"知识的供应者与使用者之间的关系，渐渐趋向商品生产者和消费者的供求模态，而且日益强化。它标志着，这一模态将以价值模式为依傍"（利奥塔，1996：36）。尤其是有关治理术的知识，不仅要从科学界那里获得认可，更关键的还要在权力那里获得合法性。可见，知识与权力是一个硬币的两面，有权力渗透的知识是最"合法"的；而有专家学者参与的权力是最理性的政治。其结果是生产出大量有关"治于人者"群体的性行为、性疾病之类的研究成果，诸如流动人口的性行为、农民工 HIV 感染率、流动人员性知识调查等，以换取关怀弱势群体的美名。殊不知研究者本身成为了权力治理术的知识生产者与供应者。实际上，治理术的眼光永远是盯着下面的。这一点可以从媒体曝光倒台的"治人者"的性滥交窥及，❶但在学术领域却看不到关于统治者与性有关的任何研究结果和报告。毋庸讳言，一个是权力象征的多性伴强者，一个是无权无钱的结构性光棍；一个受到社会的默认，一个遭受道德的谴责。治人者与被治者的无心配合恰恰体现了当代中国身体政治的关键所在。

在现代国家中，政治实施治理的方法是"规训"而非以前的"惩罚"，针对的对象是"国家的人口"而非"人"本身（邵京，2011a、2011b；赵文英，2011；范可，2010），如此，统计学就成了国家治理术的重要工具和手段。这种治理术把被治理者塑造成易于管制的群体，治理者通过数目调拨便可方便地对他们进行管理。因此，决策者应该改变以自我为中心且居高临下的姿态，而应站在底层、边缘的农民工的立场上倾听他们的呼声，思考他们的问题。善待社会之中的弱者是实现社会和谐与作为一个负责任大国的最起码的要求。

---

❶ "重庆市司法局原局长文强被逮捕"，载新华网，2009 年 9 月 28 日，http：//news. xinhuanet. com/legal/2009−09/28/content_12118755. htm；纪念改革开放 30 年（之五）"贪官脸谱四：贪婪女色生活糜烂"，载山西新闻网，2008 年 10 月 18 日，http：//news. daynews. com. cn/gnxw/640171. html。

第八章

底边农民工的『去国家化』
——从农民工的自杀说起

在 第七章中，我揭示了制度性因素如何导致农民工感染性疾病以及相关情况，并对目前卫生管理方式和学术的研究倾向做了一定的反思。在本章中，我将首先从绝望的农民工的自杀谈起，讨论农民工的自杀与国家权力、经济发展之间的相关性。接着，本章将分析作为产业工人的农民工被"国家化"的宏观事实，以及劳务市场上的底层边缘农民工被"去国家化"的微观写照。在此基础上，本章将户口制度与杜蒙的种姓制度进行比较，目的在于进一步凸显身体政治的意义与价值。

第一节　关于"自杀"的讨论

自杀作为一种极其特殊的社会现象，早已引起诸多学科领域学者的注意。在社会科学话语里，学者们对自杀的研究已取得了丰硕的成果。人类学家马林诺夫斯基（Malinowski, Bronislaw）在研究了特罗布里恩群岛（Trobriand Islands）社会中的自杀现象之后，将自杀提高到与原始巫术一样的崇高地位，认为自杀是维护土著社会规则与秩序的威胁性机制，并提出自杀不是主持正义的方式，但提供了赎罪与雪耻的手段。

他在田野调查中发现，特罗布里恩群岛存在两种严重的自杀方式：从高高的椰子树顶上跳下和吞食河豚的剧毒胆囊。但凡当事人因为犯了严重的罪行，诸如通奸、伤害他人、违反外婚制度等需要赎罪时，或者因为自己的过失而受到他人的当众侮辱而以死抗议时，便往往采取这两种极端行为。因此，在土著人的心目中，这两种自杀方式都是对离经叛道者和侵犯他人人身财产者的永恒制约。"如同巫术一样，自杀行为也是保证土著居民严格遵行法律、防止人们做出极端和反常行为的手段，两者都被视作是维护法律和秩序的保守力量和强大支柱"（马林诺夫斯基，2002［1947］：64）。

原始部落中的自杀现象跟社会因素存在着密切的关系，而在资本主义制度下的自杀行为同样也不例外。涂尔干在其《自杀论》中运用实证定量的方法，专门论述了关于自杀的社会成因、分类等社会病态问题。他提出，自杀就是任何由死者自己完成并知道会产生这种结果的某种积极或消极的行动直接或间接地引起的死亡。自杀未遂也是这种意义上的行动，只是在死亡前被中止了。他认为，自杀同种族、遗传、精神状态、气候变化、自然状况并无重大的、密切的关系，主张研究自杀应当以社会事实进行分析理解（迪尔凯姆，1996［1930］：11）。

在资本主义狂飙突进的年代里，自杀现象的增多归咎于经济快速发展、科技发展迅猛和社会分工过细，诸如经济危机、政治危机、社会动荡、工作不定、日常生活变迁等社会因素与自杀有着直接的关联。当然，自杀率也会随着各国各地区的差异而变化，与宗教、教育程度和性别也有很大的关系。在此基础上，著者运用"社会整合"、"社会规范"为变量将自杀分类成利己主义自杀、利他主义自杀、社会失范引起的自杀以及宿命论的自杀，并提出了一系列研究命题。最后，为了防止和消除自杀，著者分别从惩罚自杀者、改进教育、发挥家庭作用以及加强行会整合程度等方面提出了一些设想（迪尔凯姆，1996［1930］）。

受到涂尔干实证主义影响的哈波维治（Maurice Halbwachs）在《自杀的原因》中将迪尔凯姆的"社会整合"这个变量改换成"社会孤独度"（the degree of social isolation），以此对自杀进行研究。他认为，在特定的人口中，自杀率跟一个社会内部个体之间的孤立度成正比，社会的孤立度又随城市化程度的变化而发生变化。亦即在某个社会中，城市化程度越高引起的社会孤立度也越高，社会的孤立度越高导致特定人口中的自杀率就越高。从这点出发，哈泊维治解释了为什么居住在乡村的法国天主教成员的自杀率远远低于城市里的新教教民的重要原因。乡村生活的人情关怀、人际关系紧密和睦、生活节奏的舒缓等因素，增强了农村地区的社会凝聚程度，减少了该地区自杀行为的发生。因此，他的研究成果在某种程度上修订并完善了涂尔干的自杀研究（Halbwachs, 1978［1930］）。

值得注意的是，继承弗洛伊德的个体主义、精神分析心理学传统的卡尔·门林格尔（Carl Augustus Menninger），在其著作《人对抗自己：自杀心理研究》中，从精神病学、心理学等角度全面考察和分析了死亡本能和自杀倾向。他认为，人类本性固有一种破坏性的冲动，它总是竭力寻找发泄渠道，倘若这种破坏性的冲动不能施之于外界，其必然结果就是转而针对自己，这便是各种形式的自杀的根源（门林格尔，1990［1938］）。

将自杀与社会经济结合起来考虑并做出出色解释的是亨利（Henry, A. F.）和雪特（Short, J. F. Jr.）两位。他们运用经济、年龄、肤色、性别、婚姻状况等数据，来讨论社会、经济对凶杀率和自杀率的影响。他们发现，某一社会的经济发生衰退时，自杀率和凶杀率都呈现上升趋势。原因在于，在经济衰退时期，社会地位较高的人往往将自己处境的变化归咎于自身的失败和无能，倾向于将侵犯的矛头对向自己，从而导致该社会阶层的高自杀率。而社会地位低下的人们往往将自己的沮丧和困顿归因于社会及他人，因此常常将发泄的对象指向他人，导致凶杀率的升高。而且，他们使用"外部约束力"这个变量替代"社会整合"和"社会规范"，据此分析出社会地位高的人群所受的外部约束力比社会地位低的人群要小，自杀率往往也就比较高。而社会地位较低的人群受到的外部的约束力比社会地位高的人群大，所以发生的凶杀率就高（Henry, A. F. & Short, 1954）。

亨利和雪特从社会经济因素入手，研究了不同阶层人群的自杀率变化的问题，而基博斯（Gibbs, Jack）和马丁（Martin, Walter）则从职业流动变化的角度对自杀进行了卓有成效的研究。他们认为，社会流动，包括向上流动和向下流动，对涉及的人群有很大的影响。因为无论是向上还是向下的社会流动，人们之间的社会关系纽带已

经发生了深刻的变化，这种变化对其中的人们产生各种压力，导致
自杀率的升高。也就是说，人际间社会关系的稳定与持久跟自杀率
成反比：社会关系越稳定、越持久，自杀率就越低；社会流动性越
大、关系越松散，自杀率就越高（Gibbs & Martin，1964）。

近年来，有学者注意到了使用个别指标研究这一主题的不足，
并以可测量的多个变量来保证研究的信度和效度。例如，马基宁
（Makinen，Ilkka Henrik）运用世界卫生组织的数据，将欧洲部分国
家的15个变量，包括结婚率、离婚率、失业率、肝病死亡率、凶杀
率、交通事故死亡率、私生子率、女性教育程度、女性就业率、15
岁以下占总人口比率、65岁以上占总人口的比率、20岁以下女性的
生育率、35岁以上女性的生育率、每10万人所拥有电视的比重、房
屋面积——这些变量从某种意义上反映了一国居民的现代化程度，
来研究自杀率的变化情况。结果显示在这些变量中，有些变量对自
杀率的起伏有较大影响，有些则相关度不大。据此认为，一个国家
的现代化程度与该国人口中的自杀率存在密切关联。具体地说是，
一个国家的现代化程度不高，该社会的自杀率会呈现上升趋势。当
现代化进程达到一定水准高度后，该国人口的自杀率便逐渐下降
（Makinen，1997）。

根据以上归纳，我们可以发现，马林诺夫斯基、迪尔凯姆、门
林格尔、哈波维治、亨利与雪特、马基宁等人有关自杀的学术话语
存在一个共同点：他们都将自杀与宏大的社会背景联系在一起，都
在社会结构与社会关系之下探讨与自杀相关的问题。马林诺夫斯基
将自杀与原始部落的社会控制联系起来；迪尔凯姆揭示了资本主义
经济快速的发展、科技进步以及社会分工过细所引起的自杀率的增
长，并提出了一些防止和消除自杀的设想；门林格尔从弗洛伊德的
个体主义、精神分析心理学传统出发，考察和分析了自杀行为的根
源；亨利与雪特运用"外部约束力"揭示了社会、经济的发展和自
杀率成反相关；基博斯和马丁则从职业流动变化的角度对自杀进行

了出色的研究；马基宁将一个国家的现代化程度看作该国人口中的自杀的诱因。虽说他们所使用的变量有所不一，有的还在观点上针锋相对，但在研究方法和观照上却显示出相似的内在逻辑，这些成果都深刻地反映了急剧的社会文化变迁带来的自杀率的起伏变动，同时也体现了著者们对人类本身命运的深切忧虑和现实关怀。

然而，我们注意到：第一，除了马林诺夫斯基以外，这些学者可能由于受到迪尔凯姆学术的影响，都把自杀率作为社会科学的研究对象，而无意对某一活生生的具体个人的自杀行为及其原因做出解释（参见张翼，2002）。第二，上述研究大多存在客观性倾向，读者无法从他们的作品中看出自杀者本人对此问题的想法。当然，我仅仅是指自杀未遂者的想法或者是对自杀成功者生前的研究，平心而论，对于后者，研究的难度相对比较大。即便如此，他们的洞见、方法、观照对以后的学术研究仍然具有相当的启发作用。

在当代中国，自杀已成为一个不容小觑的社会问题。据世界卫生组织统计，全世界每年大约有100万人死于自杀。在我国，每年大约有25万人死于自杀，平均每两分钟就有1人自杀身亡。而农民工自杀，尤其是富士康发生了多起员工跳楼事件之后，学界对此保持了密切关注，讨论也逐渐热烈起来。他们从各自的角度讨论了农民工自杀的原因及其影响，并对此进行了深刻的社会反思。徐昕主要从法律的角度考察农民工讨薪过程中的维权现状，揭示了社会严重不公所导致的农民工维权成本高昂、程序复杂、公力救济不足等是"以死抗争"的原因，并认为农民工采用自杀式的讨薪方式，是一种昂贵且成功率偏低的策略行为，但同时也是一种符合经济逻辑的理性选择（徐昕，2007、2008）。

由"两岸三地"高校师生组成的调研组提交的调研报告，认为极度压抑的宿舍体制和工厂劳动管理制度把人逼到死亡边缘。"跳楼的人选择用自己的血肉和生命来控诉；而活着的人则默默忍受着身体与精神的双重劳役。"该报告最终指出跨国资本、劳动体制是员工自杀的根源（两岸三地高校富士康调研组，2010）。郭于华等学者认为，富士康员工的跳楼事件不完全是员工个人的心理问题，而是涉及新生代农民工价值诉求的社会问题，更是血汗工厂制度与"中国制造"的模式问题。并且指出，只有向农民工赋权，包括团结权、谈判权、集体行动权，建立起劳资双方博弈机制，才能从根本上改变不均衡的劳资关系。在此基础上，他们指出了工厂的"低人权优势"和"中国制造"模式已经到了穷途末路的境地（郭于华等，2011）。

可见，上述研究都将农民工的自杀置于现实社会背景——当代中国社会转型中考察分析。虽然研究的角度不尽相同，但在研究方法和研究旨趣上却显示出相似的内在逻辑。无论是围绕自力救济这个概念来谈论社会公平正义，还是从农民工权力与权利角度考察激烈的抗争与劳资关系转变，最终都指向权利的缺失和社会的不公。这在一定程度上可帮助有关部门认识并正视这些问题，并促使他们采取相应的措施，更加公平地对待这一群体。

然而，我认为，在全球化资本、市场化力量以及社会主义国家权力主宰之下的农民工自杀事件并非只有借助"劳动场景"才能加以呈现和揭示，或许还有其他的场域也会暴露这些问题。更需要注意的是，虽然自杀是个体的极端行为，但它的根源却来自自杀者所处的社会，因此我们只有把个体终结生命的行为置于整个社会，甚至是全球化的背景中才能更好地把握和分析它。

我认为，以死抗争的自杀体现了当下农民工生存的困境与未来前景的渺茫。这种境况实质上反映了国家诉求、社会发展与个人的生存和发展存在着某些不协调。

第二节　自杀者的挣扎与抗争

"有人喝农药啦！"

一声尖锐的呼喊冲破了嘈杂的劳务市场。

我和几十个农民工不顾马路上的车来车往，直冲对面探个究竟。没等靠近，大家便闻到一股浓烈刺鼻的农药味。旁边的人仍在不停地大喊，他喝敌敌畏了！快打120！只见喝药的年轻人在地上不停翻滚，身体一阵一阵地抽搐，口中的白沫不断往外溢出。

其他的农民工纷纷议论着：

"又要死人喽。"

"没得用了，不行了。"

"再怎么样也不能去死啊，"一位女性农民工怜悯地说道。

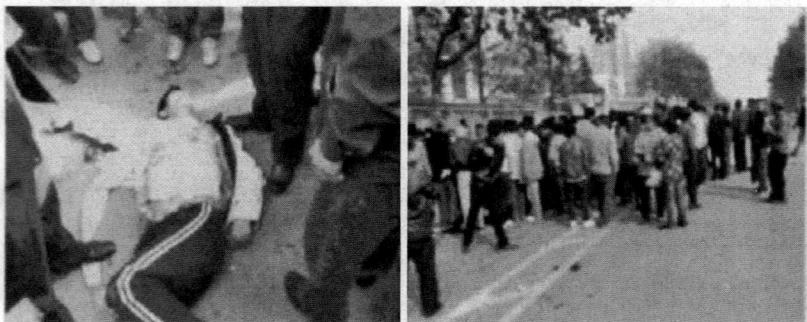

图 8-1　自杀的农民工和围观的人群

市场内的警察也闻讯赶来，一边负责维护现场，一边查看该男子的身份信息。警察从他的包里翻出一个便签本，上面记录着几篇日记和事先写好的遗书。十几分钟后，120救护车才急急忙忙赶来。医生略作检查后，便抬起人匆匆离去。在救护车那渐行渐远的呼叫声中，劳务市场又恢复了平时的喧闹，貌似什么事情都没有发生过。

这是发生在劳务市场外的农民工自杀的一幕。然而，在当代中国，农民工自杀并非偶然。在沈阳的苏家屯某工地上，七名农民工因拿不到工钱，吞下安眠药集体自杀了。湖北的农民工胡兴英向工头讨要工钱未果，愤而将油漆泼向自己与工头并点燃，经抢救无效而死亡。沈阳的曹庆也因工钱要不回来，盛怒之下把一罐汽油倒在自己身上自焚，虽经及时抢救，但却造成了全身近40%的面积被烧伤,落下终身重度残疾的结局。虎门南栅某文具厂一名年轻女工因不堪压力,纵身跳楼自杀。❶ 更令世人震惊的自杀事件发生在富士康集团,从 2010 年 1 月至 9 月先后发生了 16 起员工跳楼事件,共造成 14 死 2 伤。另外,还有 1 名员工割脉自杀未遂(两岸三地调查组,2010)。

这一系列的农民工自杀事件向整个社会抛来了一个个巨大的疑问号:这个社会到底怎么了?经济发展和农民工之间究竟发生了什么事情?市场宰制之下的劳工以怎样的形式抗争,并导致何种结果?面对一桩桩血淋淋的农民工自杀事件,我们应该反省些什么?

在当代中国融入全球化、建设现代化的背景下,大量的农民工如同潮水一般,流进城市、涌入工厂,成为了制造业场景中蔚为壮观的主力军。然而,来自陕西陇县的自杀者田英俊,却没有这么幸运,残酷的命运一次次令他的人生轨迹发生改变。就在他自杀的那天下午,我前往第一人民医院看望他。经过医生的全力抢救,小田脱离了生命危险。只见他躺在病床上,神情恍惚,狂躁不安,并不时地想将身上的心电监护和输液管摘掉。

据护士介绍,医院的氧气管差点被他咬断。为了让他配合治疗,现在只好用床单将他绑住,固定在床位上,还另加了两位男性护工照顾他。但小田仍然不时地想坐起来,用方言咒骂靠近他的人。我几次想与他交流,但他斜乜眼睛瞪着我,不作回答。过了两三天,当我在田野调查时,无意间看见小田已经痊愈,来到了劳务市场。在这种身体虚弱的状况下,他显然并不是来找工作的。费尽周折,我才算和他接触上了。

今年 25 岁的田英俊,从小生活在陕西与甘肃两省交界的关中平

---

❶ "包工头卷走 20 余万 七名农民工为讨工钱集体自杀",载华夏经纬网,2004 年 10 月 26 日,http://big5.huaxia.com/xw/zh/00255006.html;"农民工讨薪惨剧接连发出的警示信号",载新华网,2005 年 9 月 23 日,http://finance.sina.com.cn;"两工人'压力大'先后跳楼 文具厂 400 人为此纷纷离厂",载搜狐网,2012 年 2 月 21 日,http://roll.sohu.com/20120221/n335326611.shtml。

原上。他没有上完初中便辍学回家干农活。据他说，英语老师和数学老师常常体罚甚至殴打学生。他记得上初二的时候，被老师叫到黑板前做一道代数题。因为做错了，他的左腿被打得铁青，几天后便化脓了。在家养伤时，他便产生了辍学的念头。后来他一直在家帮助父母干农活，有时也牵着骡子、毛驴等牲畜外出放牧。

当打工的热潮冲进古老而偏远的小村落时，村里的很多青壮年为了建房、结婚等，便纷纷东去长三角、南下珠三角，流进城市、涌入工厂打工赚钱。但小田并没有那么心急，显得很淡定，依然在家干农活儿。然而，村民们的闲言碎语和世俗目光让他不堪忍受。在他们家乡，一个年轻人不出去闯世面，老是待在家里便被认为是无能的表现。用村里人的话说"为啥不去打工呢？怕是有啥毛病吧？"为了避开邻居们的嘲笑，为了成为一个"正常人"，小田从此便踏上了坎坷的打工之路。

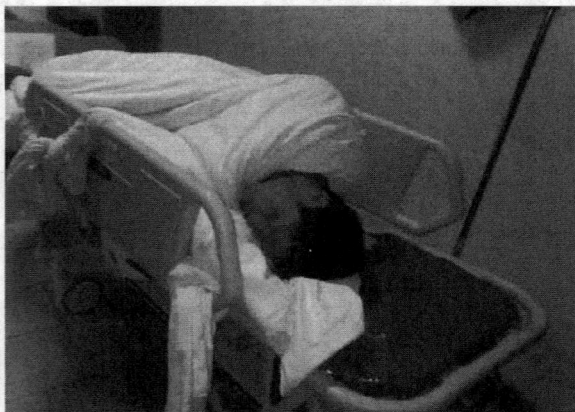

图 8-2　医院里的小田

第一次离开家乡，他便直接来到上海。小田觉得什么都好奇新鲜，但找不到工作的残酷现实严峻地摆在这个初中都没毕业的年轻人面前。偶然有一次，他听说南京有个专门针对农民工的劳务市场，便想来碰碰运气。2007 年三月的一天，他终于出现在了南京的劳务市场上。初来乍到，他便按照劳务市场的相关规定，在职业介绍的窗口进行登记注册、复印身份证、办理就业证等。小田交了几十元钱，办理完一系列手续后，就坐在中介办公室等待被雇用。

没过几天，中介就把他介绍去一家生产水泥的工厂。当时中介跟他说的是开吊车搬运石灰石头，强调了活不累，管吃管住，一个月1800元。他想都没想就答应了，爽快地交了35元中介费，按照中介写的地址去了。到那儿一看，情形和中介说的完全不一样。原来所谓的开吊车搬运石头并非真正的活计，搬运水泥包才是小田要完成的工作。工厂老板叫他把这些水泥包一包一包地扛上卡车。因为水泥的粉尘很大，小田被呛得受不了。而且一上班就得搬运，一直干到下班为止。后来，小田在那儿干了九天，再也熬不下去了，便选择了离开。现在提起这事，小田还愤愤不平地说被中介骗了。他认为，工厂老板也不是什么好东西，吃得很差，整天是萝卜干和炒白菜，还老侮辱他为"二愣子"。

当我聊起自杀的事情时，小田一下子陷入了沉思，久久不言语。吸完一支烟后，他嘴里才蹦出一句话"这个世界没意思。"他来南京后也找了几份临时性的工作。但有的老板给的钱少，有的老板干脆不给钱跑路了，这些令他心灰意冷。每次打电话回老家（他先打给镇上教书的堂姐夫，然后由他姐夫传话给父母），父母一方面问他赚了多少钱，彩礼钱准备得如何之类的问题。另一方面，父母不断地向他诉说着谁家结婚了，谁家刚生了个小孩。小田每次听到这些话的时候倍感压力："心里堵得慌，我自己的生存都有问题，哪还有心思谈这些？"就在自杀前一个月，小田找到了一份修路的工作，每天帮着搅拌砂浆、挖下水道。工头对他们很优待，时常买点酒肉招待他们，还经常给他们讲述他年轻创业时期的励志故事。小田听了之后很振奋，以为这个工头原先也跟他一样受过苦，所以他干活也特别卖力。

令他意想不到的是，当工期结束时，"仁义"的工头却卷走了他们的工钱彻底消失了。更可悲的是，头天晚上小田还忙着帮他收拾建筑工具。工头还明确告诉小田，明天要他转到另一个工地去，并把地址写给了他。工头还不断地嘱咐小田明天早点去，因为那边的工期紧，还特地交代要结算上个月的薪水。第二天清晨，小田和工友们兴高采烈地按照地点去寻找。结果却是一家水果店，根本就不是什么工地。这下让小田他们接受不了了。翻天覆地的转变让实诚的小田感觉一下子从天堂掉到了地狱，失落到了极点。

他的遗书这样写道：来到大城市打工，我看到了精彩的世界，路上的行人穿得非常高档，餐馆里的人吃得非常丰盛，为什么我这么狼狈？我只有一个念头，那就是好好打工赚钱，也要过上城里人的日子……城里人看不起人，进小店买东西，人家总跟着我，怕我偷他们东西。保安也不让我进小区捡瓶子，叫我走远点。更令人气愤的是这些没有良心的老板，我那1750元的工钱，是我的血汗钱啊……这个可恶的世界，他们一直在骗我。老天对我不公平……

事实上，来自城市居民的歧视、社会的排斥以及雇用老板的苛刻态度时常令农民工个人的情绪激动反常。学者吴飞认为，现在很多自杀事件是对社会不公的反抗而不是因为精神问题。在自杀者看来，自杀并不是道德上不好的事情，而是自己受到了委屈。因此，自杀被认为是实现不了自己理想的生活而采取的一种激烈的应对方式（吴飞，2010：80-82）。我在田野中了解到，劳务市场里的很多农民工，都经历过发生在小田身上的事情。只不过有些农民工并没有采取激烈的方式"自我了断"，而往往酗酒自伤。他们常常饮用高度白酒，将自己喝得酩酊大醉，倒在公路上不省人事。因此，无论是小田的自杀，还是其他农民工的喝酒自伤，都说明了底层、边缘农民工生存的艰难。在故事中，小田以结束生命的方式对施加在他身上的无形力量进行抗争。

关于抗争，学术界有研究者提出"依法抗争"、"以法抗争"、"以理抗争"等观点（李连江、欧博文，1997；于建嵘，2004），试图对各种抗争性政治做出解释。然而，蒂利（Charles Tilly）与塔罗（Sidney Tarrow）提醒我们，抗争政治指的是行动者提出某些影响他人利益或为了共同利益而协同努力的诉求，政府则作为行动者的对立面而涉入其中。由此可见，抗争政治应该包含抗争、集体行动以及政治等三个方面，缺一不可（蒂利、塔罗，2010：9）。因此，本书中农民工的行为也许尚不能称之为抗争政治，因为它至少还没有上升至与政府对话的社会高度，充其量只是一种初级的抗争而已。

第三节 底边农民工的"去国家化"

倘若沿着福柯的思路去审视农民工群体，我们可以认识到权力的精巧细致和阴险伪善。福柯强调个体是权力意志的体现。权力通过个体的身体潜移默化地渗透至身体的每一个毛细血管，使之全面笼罩在一个知识教化和权力干预的范围内。从远古到18世纪末，君主绝对地掌控着生杀大权，并且通过隆重的仪式、人山人海地观看对肉体的惩罚，来传达君主的统治意志。随着时间的推移，新诞生的治理生命的技术逐渐与针对肉体的惩戒技术互相交联在一起，并且在不同的层次发挥作用（福柯，2010）。从此，惩罚不是一个节日，也不是一种仪式。而与之关系紧密的规训则变成了一所学校和一本永远看不完的书（福柯，2007）。

福柯式的生命治理术在人口的出生率、死亡率，人口的繁衍、再生产比例等具有总体意义的普遍现象之决定因素上进行干预。就如福柯所言，这种社会出现了对"活着的人的权力，某种生命的国家化，或至少某种导向生命的国家化趋势"（福柯，［1976］2010：183）。过去君主的权力是"使人死，让人活（make die，let live）"，而时至19世纪，政治权力的作用导向发生了逆转。它逐渐利用崭新的非惩戒力量对人的生命进行精巧而阴险的规训，"给它打上标记，训练它，折磨它，强迫它完成某些任务、表现某些仪式和发出某些信号……只有在肉体既具有生产能力又被驯服时，它才能变成一种有用的力量"（福柯，2007：27），即为"使人活，让人死（make live, let die）"。

我认为，在福柯那里，身体的国家化是指统治者针对其所统治的人们的生育、死亡等人口问题进行的生命治理，努力实现有利于社会管理和国家统治的政治目标。如果我们同意福柯的看法，那么中国的农民工群体也经历着类似的治理体验。不同的是，当代中国的治理经验已经超越了对肉体的治理，达到了社会性身体的"灵"的层次。

中国的改革开放不但将闭塞的国家带入世界政治经济的大舞台，也拉开了数亿农民进城务工的历史大幕。他们是改革开放催生的一个庞大的新兴社会群体。他们的身份虽是农民，而从事的职业却是非农产业。这样的结果满足了城市社会"既要马儿跑得快，又要马儿不吃草"的吊诡心态。农民工既非农民又非工人，但既是农民又是工人；既不在城里又不在乡下，却既在城里又在乡下，始终处于过渡状态。这种奇怪又尴尬的地位源自于人为的社会制度的分类——户籍制度。它将整个社会划分为两个城堡，生产并再生产社会隔离与社会不平等，导致社会的二元分类。如此一来，国家把农民工作为一种生产所需的人力资源。同时，国家把农民工当作权力对象的主体进行规训和利用❶。

因此，户口制度是一个独特的现代政治的治理模式，它将价值原则纳入治理艺术中。城乡之间的差距规定着人们的日常交往，工作、婚姻、医疗、居住、子女就学都受之约束。他们被设计成城市财富积累的廉价劳动力，捡一些脏、险、累、苦的活计。因此，作为非市民的农民工无论在就业权利方面，还是在住房、医疗等日常生活方面均面临着种种困境。因为现行的户籍制度不只是一项针对

---

❶ 有关"社会达尔文主义"的相关资料，请见许纪霖："现代性的歧路：清末民初的社会达尔文主义思潮"，载《史学月刊》2010年第2期。

农民工的隔离与控制制度，它也是一种面向城市居民的福利制度（韩俊，1994；引自苏黛瑞，2009：105）。

事实上，这一历史过程正是国家强调经济领先战略的体现。经济发展主义者认为，只有发展经济、丰富物质生活才是解决国家面临所有问题的关键。与此同时，这一历史过程也是国家权力和资本力量共谋利益的过程（潘毅，2007），更是身体的政治发挥得淋漓尽致的过程。它在很大程度上已经实现了对农民工的控制、塑造和利用，而农民工也在一定程度上被动地接受了这样的政治经济学。其结果是身体的政治用"户籍—农民工—生产—GDP"促使他们"心甘情愿"地为国家的前途和梦想争分夺秒、挥汗如雨。凭借身体作为其唯一资本的农民工，被牢牢地捆绑在高歌猛进的现代化建设的战车上。毫无疑问，这一群体在努力实现中华民族百年来现代化的夙愿中被彻底"国家化"了。

其实，本书前文已经叙述了劳务市场里的农民工，并非是被"国家化"的那些群体，而是"去国家化"之后的底层与边缘群体的真实写照。本书认为，虽然国家和社会在政策、宣传等方面对农民工给予了特别关注，❶ 但在本书中，那些底层边缘的农民工却深刻体现了"去国家化"的印迹。

在本书中，"去国家化"是指国家和社会不再将其作为国家发展和社会进步的建设力量，并已经放弃了对该群体的人文关怀与社会支持，竭力撇清与该群体的关系，将他们置于自我求生、自我救赎的境地。前面几章已经表明，由于种种因素，他们离乡进城来到了

---

❶ 《国务院办公厅关于做好农民进城务工就业管理和服务工作的通知》（国办发〔2003〕1号）；《关于农民工参加工伤保险有关问题的通知》（劳社部发〔2004〕18号）；《国务院关于解决农民工问题的若干意见》（国发〔2006〕5号）；《关于贯彻落实国务院关于解决农民工问题的若干意见的实施意见》（劳社部发〔2006〕15号）；《国务院办公厅关于转发人力资源社会保障部财政部城镇企业职工基本养老保险关系转移接续暂行办法的通知》（国办发〔2009〕66号）；《流动就业人员基本医疗保障关系转移接续暂行办法》（人社部发〔2009〕191号）。

城市的劳务市场。在这个处于临界状态的地方，劳务市场不仅仅给他们提供了生活来源、给了他们生活的希望，而且也让他们体验到了社会的冷漠与人性的阴暗。在一系列的遭遇之后，他们逐渐沦落为社会的边缘和底层群体，成为了没有道德、没有希望、没有追求、没有未来的乌合之众。除了为城市治理与安全考量而对其进行惩治与管理之外，国家和社会已经放弃并抛弃了他们。他们已经令社会管理者失去了信心和兴趣，完全被排除在社会公共服务的视线之外。从劳务市场的搬迁改制到社区服务的缺失，再到市场的管理者（包括警察与保安）的不作为等一系列的事实，无一不暴露了权力的真正意图，即竭力将这里的农民工"去国家化"，竭力撇清与他们的丝毫关系。

第九章

结构矛盾的躯体化

在 本章中，我将结合上文的叙述，对农民工研究中的城市适应
论做一点评论，指出这种观点并不适合分析当下中国的农民
工群体。与其在浅处做文章，不如将治理聚焦于社会结构本身，并
努力从"权力导向"转向"权利导向"。在摆脱适应—生存论的同
时，努力转向身份—权利模式，即从农民工的公民权着手对其困境
与遭遇构建政治叙事模式，从社会从属性（social membership）和资
源配置（allocation of resources）两方面来理解农民工公民权的实质。
在此基础上，对本书中底层边缘的农民工的苦痛根源作一番分析探
讨，以期重新思考与认识劳务市场中底边人群躯体化的社会原因。

第一节　城市适应论的叙事

在国家和社会的视阈里，劳务市场中的底边农民工们就是这样
一群人，每天重复着这样的日子，在一天天的等待、失望、煎熬、
惶恐中度过余生。我曾经在一些学术会议上报告过这样的田野工作，
收获更多的是来自学者们对他们的悲悯同情和关怀。但也有少数学
者认为他们这样的生活状态是令人羡慕的，其理由是对照西方国家
中的流浪汉们，他们应该也过的是没有忧愁没有烦恼的日子，不需
要为过去计较，更不需要为明天打算，他们建议我没必要从社会结
构矛盾的角度将这群人的遭遇写得如此血泪斑斑。与此相反在我参
加的一个申请出版基金的会议上，当在场的评委听完我的部分写作
内容后，主席认为这是在揭露社会的阴暗面，与社会的主流价值观
不协调，也有悖出版基金的初衷，所以申请的最后结果也就可想而
知了。

其实，我对这些评价内容并不太在意，只是觉得他们见仁见智
而已，让我真正担忧的是他们观念背后的社会图式（social schema）。
他们以往积累的城乡结构化的经验促使他们整合农民工这类人群信
息，并在此基础上建立对于他们的刻板印象。这些社会图式的形成

有其深刻的历史和现实原因，当然对于一些缺失的信息也通过其不断推论而补充。实际上，在众多研究农民工的文献中，有一类观点很值得注意，他们往往把农民工进城务工所面临的困境与障碍的社会事实理解为其自身的适应问题。

谈及"适应"（adaptation），我们不妨先从生物科学里去理解。在生物学中，适应被界定为：生物的结构及其功能适合于该生物在一定环境条件下的生存和繁殖。例如，鱼鳃的结构及其呼吸功能适合于鱼在水环境中的生存，陆地脊椎动物肺的结构及其功能适合于该动物在陆地环境的生存，等等。达尔文的观点认为，最适应环境的生物个体将存活下来，并将其有利的变异遗传给子代。[1] 如果某一生物个体不适应环境的变化而无法生存和繁殖，那么最终必将被淘汰。后来，斯宾塞（H. Spencer）等人将达尔文的进化论理念引入社会领域，提出了社会中的适者生存理论，认为人类社会与自然界相似，也存在自然界的"物竞天择"的情况，即认为影响人口变异的自然选择过程将导致最强竞争者的生存和人口的不断改进。[2] 虽然该理论在社会和政治思想史上占有重要的位置，但仍被后人诟病，称其为社会不平等、种族主义提供合法性。

虽然现在没有人自诩为该理论的奉行者，但人们的认知思维中依然有其痕迹，秉持进化论思想的人们常常充满着极端的竞争理念。他们一边讴歌经济形势的强劲，一边强调当今社会的贫富悬殊是发展必要的代价，甚至腐败和专制都是现代化必要的代价，等等。这种"富人经济学"的鼓吹者往往处于社会的既得利益圈内，是城乡二元结构固化与城市经济发展的赢家，鲜有关注社会的弱势人群和底层边缘人群的生存与发展状况。反映在学术研究中，则体现为以城市治理者的视角从上而下地对待农民工现状，将其融入城市所面临的种种障碍视作适应城市环境的问题。

---

[1] 详见百度百科"适应（生物学名词）"词条。
[2] 详见百度百科"社会达尔文主义"词条。

从此类研究看，农民工的城市适应大致包括三个方面：经济适应、社会生活适应以及心理文化适应。具体指标为，在经济层面必须获得一份稳定的收入和相对固定的住宿，其次是习得城市的生活方式与社会交往规则，最后是农民工对城市的基本价值观和都市文化的认同与内化。三者之间有其内在的发展梯度和内生逻辑，整合起来才可甄别城市适应的成功与否（郭星华等，2009；李伟东，2009；李强等，2014）。由此才能"说明城市化对农民工人格的影响、塑造、提升，由农村人转化为城市人这一社会化过程的完成"（朱力，2002）。有学者从自评家庭阶层地位、媒介接触、城市经历、相对剥夺感、社区参与、组织支持等统计指标，对新生代农民工的城市适应进行回归分析（许传新，2007）。如果农民工在城市适应过程中出现问题，那将影响城市秩序的稳定和社会的发展。持这种观点的人坚信，农民工进城本质上是一种"农转非"的文化移民，经历农民—农民工—市民的转型过程，也是由传统向现代的转变。

如果我们将这些研究里界定的城市适应一词做分析的话，那么将会发现他们往往将适应近似地理解为调适（accommodation）、同化（assimilation）、涵化（acculturation）等意义。事实上，社会学里的调适是面对不协调的情境加以适应的状态或过程；同化是指接受异质文化以丰富和加强主体的图式，从而引起主体的改变；涵化是指与异质文化接触而引起原有文化模式的变化。这些词语的界定强调与另一个时空内的文化因素的接触，尤其对其转变的互动经历与过程关注密切。而适应一词更多地强调在新环境中的改进结果。是以，不准确的概念诠释导致针对农民工的分析结果也不尽客观确切。

农民工进城务工，在生产生活上面临种种困境和障碍，有其深刻的社会原因，涉及的范围广泛，分析他们的问题并不能简单地化约为城市适应与否，否则会误导人们以为人类社会的发展也遵循自然界发展的规律，通过生存的竞争，优胜劣汰，最终适者生存。其实不然，自然界的情况与人类社会不同，最大的区别在于前提不一致。在自然界，无论四季变换，所有物种的机会均等，能经受住大自然生存考验的最终便能存活下来，其结果表现出"物竞天择，适者生存"的法则。但在我们人类社会中，很难有完全平等的前提条件，更遑论城乡固化结构夹缝中的农民工群体！因此，有关适应的论调并不适用于当代中国的农民工群体。对此，资中筠（2002）早有论述，此处不再赘述。

第二节　农民工的公民权

正如前文所述，劳务市场中的底层边缘农民工就业受阻，回乡无路，只好栖身于此，境遇确实令人悲悯。然而，在过去的数年中，当地治理者及其附议者根据他们以往经验给出了解释：底层边缘农民工的遭遇源于其自身的懒散与堕落，换句话说，他们之所以这样是因为他们不肯干，不努力，不上进，无法适应城市的生产生活，因而惨遭城市社会的淘汰抛弃。这个观点跟上文的适应论如出一辙。如果农民工真如其所言那般的懒散和堕落，又如何解释在权力宰制下的他们仍在追逐个人朴素的梦想和未来的期许呢？事实上，懒散堕落、适应失败等解释只是事情的结果，而非原因。本书认为，劳务市场中底层边缘农民工所遭受的社会苦痛，应当置于宏观层次的政经背景中分析，即在中国追求现代化的进程中，历史变迁与政经发展的脉络锤炼、塑造并影响着社会底层人群的命运。

实证研究已然从生存—经济型的分析模式转向身份—政治叙事模式（王小章，2009）。学者们认为，改革之后农民们为了美好生活和更好发展，奔赴城市寻求生存（黄平，1997）。进城之后，历经种种遭遇，他们发出了渴望在城市更好地生存下去的呐喊（周大鸣，2005）。然而，随着生存—经济叙事模式的固有局限日益显露，有学者已经突破这种视角，将研究转向身份—政治（权利）的模式上来，这个研究模式以美国学者苏黛瑞（Dorothy J. Solinger）为主要代表。

她认为，当代中国农民工所遭受的不公平待遇，究其原因是作为流动人口的农民工没有获得相应的公民权（citizenship）。

　　提及公民权（或称公民身份），T. H. 马歇尔的研究给了我们很多启发。在《公民权与社会阶级》一文中，T. H. 马歇尔指出，公民权是给予某个共同体的完全成员一个所属身份（status），并平等地授予这种所属身份的成员以权利和义务（Marshall，1992：18）。从这个定义可以看出，公民权不仅仅指涉一种包含权利和义务的社会身份，而且还必须体现平等原则。作为进一步的研究，T. H. 马歇尔将公民权划分为公民的、政治的和社会的三种分析要素。其中，公民的要素涉及个人自由所需的人身、言论、信仰等各种权利；政治的要素是参与政治活动的各项权利；而社会的要素主要关注经济福利、社会平等、安全保障等方面的权利，并且认为如果公民权缺少了社会权利，那将是空洞而苍白的，因而社会的因素也是他最关注的一个方面（希特，2007：10-11）。

　　社会学家特纳则更明确地指出了公民权概念的核心要素，包括两个方面：一是在某个共同体中的成员的社会性属性，二是在此基础上的对公民资源的公平性分配问题（Turner，1993：118）。换句话说，前者指涉成员是否属于某一共同体的资格问题，后者则关注在前者基础上，是否可以平等地获取相应的权利与需履行的义务。如果前者条件得不到满足，那么后者便无从讨论。由此可见，公民权是具有一定范围的排他性的概念和理论，世界上的国家利用"地缘因素"或"血缘因素"等对其成员进行识别，也不排除更加复杂的甄别方式。但不管如何选择所属成员，共同体皆出于自身资源的稀缺而做出排他性考量。只有那些拥有合法公民身份的个体，才能享受相应的公权权利（范可，2010）。但在实际生活中，一个国家中的部分合法居民却无法获得相应的公民权利，即满足了所属成员的公民身份，却仍没法取得相应资源分配的基本权利。在当代中国，由于二元体制的固化和户口制度的影响，进城就业的农民工就无法与城市公民共享同等的公民待遇。

对此，苏黛瑞指出，当代中国的农民工遭遇的问题尽管很多，而且在短期内也无法得到妥善解决，但她认为，农民工的问题不在于与生存相关的收入、福利、待遇以及保障等的缺失，而是争取到这些生计、待遇和服务的权利资格的缺失，换句话说，应该在城市中争取公民权（苏黛瑞，2009）。如果我们认同这样的观点，那么努力的重点自然会涉及目前仍然在起作用的户籍制度。其实，这项制度从古到今一直是权力精英控制、利用人力资源的有效武器，无论是古时的徭役、赋税、兵源，还是如今作为现代化建设的劳动力资源。我们看到，国家虽然对户籍制度没有具体干涉和措施跟进，但依然不放开的政策导向变相地纵容地方政府根据这一制度自行解决进城的农民工问题。实际情形是，地方城市政府出于自利的管理倾向，牢牢控制着户籍制度，因而使农民工问题得不到真正妥善的解决（陈映芳，2005）。如果国家和社会不作调整，那么农民工获得与城市居民同等公民权的前景并不乐观，农民工的待遇依然如故、遭遇依旧持续。

这种情形正如 T. H. 马歇尔所指出的那样，如果公民权没有与社会权利的要素结合在一起，那么它所具有的价值将极为有限。至于社会的要素，"是从享受少量的经济和安全的福利到充分分享社会遗产，并按照社会通行标准享受文明生活的权利等一系列权利，与之最密切相关的机构是教育系统和社会服务"（Marshall，1992：8）。对于当下中国而言，在历经三十多年市场经济的充分发展之后，作为公民权一部分的社会权利仍没有得到长足发展，以至于作为基本社会权利的住房、教育和医疗依然是普通民众最亟需的诉求。尤其是对农民工而言，社会权利非但没有发展，甚至有所削弱和剥夺，现行的户口制度及其附着在其上的福利政策，至今仍把这个为城市化发展作出贡献的农民群体排除在正当的国民待遇之外，这"与公民权制度所倡导的每个人作为一个完整而平等的社会成员都应受到公平对待的精神几乎背道而驰"（陈鹏，2008）。

对于任何一个国家而言，它有权根据血统主义或属地主义来确定谁有资格成为其所属公民，也可以排斥某一个体的资格，以此将个体的身份与权利联系起来。可实际操作却绝非那么容易。前文已经表明，一国之内的农民进城务工，却无法获得与城里人同等的公民待遇，非但如此还受到不公正的对待、偏见与歧视。这可能源于公民权中的社会权利与其他两个权利（公民的和政治的）存在张力的关系（福克斯，2009：97），因为社会权利依赖于社会的管理效能和一定的财政基础，从一定意义上说，属于权利行使的前提和保障。

对于任何一个中国的城市而言，发展成为其第一要务：城市基础设施的建设，居民生活福利的提高，人居环境与治安的保障，住房教育卫生事业的发展等全方位地考验着执政者的智慧和水平。对于城市治理者而言，发展资源的有限与下辖群众需求的差距始终长期存在，以至于无法顾及外来流动人口的实际问题。同时，城市主流人群也成为治理者的道义声援者，频频使用"外来"人口一词将农民工问题置于城市对立面，撇清与之的瓜葛，或者将 citizenship 妄译为市民权（或市民权利），将农民工进城务工视为单向度地朝着城市居民转变过渡。同时，也将公民权所涉及的公民要素、政治要素与社会要素化约为城市市民权利。这种观念和实践无视公民的平等和公正，依旧将城市与农村二元对立，一味坚持认为城市优越于农村，如此等级化的观点完全背离了公民权的原则。这无疑是城市既得利益者转移注意力的一种实用策略，以此回避经济发展中出现的危机，也掩盖了城市治理的无能。

倘若一个国家刻意回避公民权所包含的社会权利，那么必然在公民之间产生差别对待，以既定的社会政策制造出公民总体的分裂，从而导致消极公民被贴上"没有资格"的标签。差别对待的政治的存在，将"没有资格"的公民或者底层的弱势群体变成了一种威胁，这种威胁预设差异的存在、利益的冲突，而后将差异的主张和利益冲突"合法化",造成一部分人对另一部分人理所当然应有的公民利益予以剥夺。这种短视的做法势必造成秩序的紊乱和社会的动荡。

作为一个负责任的国家,应该放弃对底层农民工的刻板印象,积极寻找妥协的政策空间,创造多元化的利益集群,并建立能够使差异和平共处的治理体系。如果过分强调差异、否认彼此具有理解对方立场的能力,等于间接地否认了实现平等的可能性(福克斯,2009:83)。一个国家如果始终无视农民工的诉求、粗暴地对待他们的基本权利,那么它将在全球化的体系中处境艰难、举步维艰。事实上,国家追求现代化的目标与提供平等权利、尊重个体差异并不冲突,追求现代化的落脚点是实现个体的幸福感。我们不应该将这两者割裂开来看问题,而应当在尊重所属成员差异的基础上,保障农民工的公民权免受干扰与剥夺,支持他们的自我实现。

第三节 社会结构矛盾的躯体化

公民权的理论超越了生存论的经济理性的范畴,从一个崭新的角度给农民工的研究指出了新的方向,将农民工的问题引入到政治权利领域,认为只有在城市中争取到公民权,才能争取到公民权中的社会权利,那么以往经济—生存论所关注的收入、福利、保障等问题将迎刃而解。由是观之,生存—经济论从经济理性的角度对农民工的收入、待遇、福利等比较关注,侧重点在于生存关怀,公民权的理论从身份—资源分配的视角,对农民工的权利比较感兴趣,重点聚焦于公民的平等待遇。

换句话说,这两种研究视角都有其合理的一面,都在寻找农民工问题的解决之良策。但本书认为,生存—经济论只是阶段性的权宜之计,没有体现出持久主张的要求,因此解决之道必将陷入长期的混乱之中。而公民权理论追求的是一国之内公民的平等与公正原则,对于当下中国的农民工而言,争取国家平等地对待其所属的身份（status）可以说是争取农民工的收入、福利、服务等的机会和条件，就是能够从法律上赋予农民工实现其利益的一种力量，体现的是社会经济关系的一种法律形式，也是一个权益保障的可持续性规制。

观察实际社会中的农民工群体，无论是生存还是权利争取，尚面临着种种艰难和阻碍，若要明确问题的解决进程恐怕还为时尚早，既往的政策让现时的情形变得复杂而混乱。正如本书中所描述的劳务市场中的底层边缘农民工，他们在城市中的生存都出现"朝不保夕"的危机，更何谈去争取公民权呢！前文已经阐述，劳务市场中的底边农民工们的遭遇已然存在，如果把他们的遭遇完全归咎为他们自身的原因，显然太不公平。他们遭遇的社会根源只能从社会之中寻找，并予以揭示。从宏观来说，权力宰制的劳务市场是国家权力的地方场景，它把广大的农民工群体置于巨大的社会结构的矛盾压力之下；从微观而言，底边农民工的遭遇体现的是社会结构的矛盾压力而造就的殴斗、欺凌、绝望、去道德化甚至自残自杀等种种悲恸现象。

个体的遭遇往往是社会矛盾的表征。对此，凯博文（Arthur Kleinman）先前早有专门论述。在《苦痛和疾病的社会根源》一书中，通过在20世纪80年代湖南的临床研究，凯博文从神经衰弱、抑郁和躯体化三个主题入手，分别讨论了在跨文化背景下苦痛和疾病的历史渊源与当代意涵，并结合湖南某医院病患者的病痛体验和若干个案展开分析描述，以此阐明病痛体验的躯体化现象及其社会根源。著作呈现了许多个体活生生的社会经历，让我们了解到文化是如何跟精神疾病和病痛体验联系起来的，希望借助揭示"个体苦痛的社会根源，来有效处理社会结构性因素及其去道德化的后果"（凯博文，2008）。

个体的精神疾病一般被视为个人的心理—生理性的功能性障碍，似乎只是与个人的身心状况有关。但凯博文通过深入的田野调查，发现个体精神疾病，譬如抑郁、神经衰弱等，是一种个体与社会的不协调关系，体现的是社会对个人的紧张关系。进一步地，他指出病症与社会的关系是受到了"宏观社会力量，包括经济的、政治的、制度的安排的强烈影响"（凯博文，2008：2）。病痛与社会之间存在的这种关联，表现了个体症状与社会，个体与社会结构之间的辩证关系，即躯体化（somatization）。在这本著作中，躯体化是一个核心概念，体现了社会结构给个体施加的压力成为一种苦痛的社会根源。

在凯博文看来，躯体化是"个体和个体间苦痛通过一种生理疾病的习惯用语表达出来，包括在此基础上进行的一种求医模式"（凯博文，2008：49）。换句话说，个体经历了严重的失败、不公正等社会问题，却将之转化为个人的身体疼痛或心理障碍的话语来解释、表达。从定义中我们可以看到，躯体化与个体本身是否患有疾病没有太多关系，而纯粹是个体交流和应对社会和个人苦痛的过程。这个苦痛的过程源于社会给个人的不公正、不平等或经历的损失、失败，甚至是绝望。由此，凯博文将社会文化与自然身体的关系联结起来，构建了一副精神医学与人类学的互动框架。跨学科的研究方法在社会与疾病的研究中获得长足进展，也对社会与个人的其他问题研究产生启发。

中国经济的发展让更多的人脱贫、致富，甚至成就了身价上亿的人群。绝对的贫困人群变得越来越少，而相对贫困却越来越多，社会上的一些富人为富不仁，相对贫困人口仇富心理严重，其原因不止于此：在经济发展的这三十多年里，不同人通过不同的资源参与到市场经济中，所获得的利益也千差万别。最大利益获得者是借由权力、技术、社会关系、资金等参与到社会经济活动当中。而大多数人没有这样的资源，只能通过体力等身体资本来换取经济发展的利益。这往往会使人们联想到孟子所言的"劳心者治人，劳力者治于人"二元统治术的言论。这种维护统治者集团利益的洗脑学说早已没了市场，却恰恰成为以体力换取经济利益的人的抗争教材。

拿自己的体力参与到当下的经济中，最典型的就是数亿的农民工们，把自己的身体带进市场，换取每个月的薪水，寄往家乡建房、娶妻、养孩。

作为生存源泉的身体，意味着人们不得不从事与身体技能相适应的岗位。它赋予农民工一种可塑性的肉身载体，这就要求身体与所处的环境进行生产与再生产的互动，以不断适应工作环境的变化和技术的变化。具体而言，政治体制、经济模式、社会政策、治理手段等皆构成了工作的环境，技术的变化包括了宏观产业技术的革新与个人技能，其中一项发生变化，其余都将作为因变量。年老的农民工、没有技能的农民工在参与经济过程中显得力不从心，逐渐被劳动力市场抛弃。

劳务市场上的很多农民工便是这种情形。城乡二元结构的固化及其影响带来的劳动力市场的城市人力资源市场与民工就业市场的二元分层，令他们无法跟城市人享受同样的就业权利，直接导致劳动分工的等级化和差异化。整个社会的二元固化结构让他们遭受了史无前例的挫败感，如此的结构矛盾让他们夹在齿轮中被碾轧，作为最后一道生存源泉防线的身体被转轨的经济无情地丢弃在路边和角落。在他们被抛弃的同时，却又成为劳务市场里互相争斗、欺压、凌辱的身体资本。在本书前文所叙述的斗殴的、酗酒的、患病的、自杀的农民工们，包括两性之间的恩怨与女性被凌辱，皆是社会结构性因素及其去道德化的后果。他们的社会性病症是因受到了经济的、政治的、制度的等宏观社会力量安排的强烈影响。也就是作为最后一道可资利用的身体又进一步成为农民工内部利用和冲突的最终阵地。身体作为唯一的资本，不管是打工，还是在劳务市场混日子，都被他们展现得淋漓尽致。酗酒、伤痛、凌辱、自杀等身体性残害与社会之间存在的关联，体现了社会结构给农民工施加的压力。

经济的发展逐渐使农民工与其劳动对象、劳动产品相继分离，他们只有在为了生计提供劳动力时，才有资格参与生产，被迫忍受生产过程的简单化与单调化。而他们的价值和尊严也只能通过所生产产品的价值来体现。在人际关系上，人与人之间的关系也表现为劳动力与金钱的交换关系，这真正成了"物化"（reification）的体现，彻底实现了人的经济价值。这样说也许有些人接受不了，觉得这种说法太残酷太激进，但客观的事实已经摆在那里，容不得我们再去思考合适与否。如果我们艰难地承认了这一点，那么对于劳务市场中的农民工，或者说那些几乎丧失了经济价值的人们，我们的社会应该如何对待？其实，当抛出这个问题的时候，我们已经处在了物化的思维局限中，仍然按照投入成本—产出利润在思考问题。任何有智慧的人都不希望农民工的障碍和困顿一直持续下去，无论地方政府还是整个国家都应该重视起来。国家和地方政府应该扮演积极正面的角色，彻底改变思维方式，加强治理的正当性、准确性，真正做一个负责任的大国。

第十章 结语

门槛之外
——城市劳务市场中的底边人群

门槛之外 | ——城市劳务市场中的底边人群 ▷

"农民工"虽然体现了该群体的总体身份特征，但其内部的多样性常常被人们有意无意地忽视了。为了展现"农民工"内部的多样性，本书选取了劳务市场中的底层边缘的农民工作为研究对象。毫不夸张地说，对像我这样的普通人而言，他们就是一个真正的他者，劳务市场是一个名副其实的他者的世界。

从地方政府坚定地搬迁劳务"黑市"和市场改制成私人企业的过程中，我们看到了当地政府竭力对农民工作出的种种"去国家化"的努力，同时也看到了农民工在城市争取公民权的艰难。由于城乡的分割管理，城市的管理者没有义务和责任为外来者提供就业服务和生活保障。当面对来自市民和媒体的舆论压力时，城市管理者动用户籍制度所赋予的特权，将农民工自发形成的劳务市场界定为不合法的"黑市"，并将外来者区分为暂住人口和"三无"人员予以区别对待和处理。城市管理和公民权抗争的辩证关系在此被充分展示出来。从表面来看，当地政府对中华门劳务市场的整治和取缔，是对城市容貌的维护、对居民生活的保障、对社会治安的维稳，实质上却也伴随着对外来流动人口的驱离、对农业户籍人口的漠视、对非城市居民公民权的践踏。

毫无疑问，这是一群与以往研究中的农民工不同的群体。他们外出打工动机各不相同，有些是因城市化而失地的农民，有些是离异者、单身汉，抑或是受到排斥的同性恋者。因为传统文化、村人的歧视、乡村的撕裂、城市化扩张等因素，他们往往被迫陷入结构的局外人状态，而成为进城打工的农民工。这一人群在离乡进城之前就已成为熟人社区的另类，沦落为社会的边缘、底层。他们被迫离开生其养其的故乡，夹杂在滚滚的打工大潮中涌向城市。

经历背井离乡痛苦的他们好不容易进城打工，却又成为城市社会管理、规训的对象，被扣上低素质的标签。没有技术、只有体力的他们长期待在劳务市场等待雇主的聘用。在漫长的等待中，他们的吃穿用度、住宿等都在劳务市场及其周边就地解决。消费的货品都是最低档次的，甚至是他人使用过的二手旧货。他们充当了城市消费链的最终端的消费群体。在这个处于临界状态的地方、一个农村与城市交割的地方，劳务市场不但给他们提供了生活来源、满足了他们的娱乐需求、给了他们生活的希望，而且也让他们体验到了人心的险恶与狡诈，教会了他们如何在复杂环境里生存的本领。除此之外，劳务市场又是一个隔离和宰制农民工的制度性空间。当然，有压迫就有反抗。农民工也通过自身的努力将该劳务市场挪用为生活、消费、娱乐的空间，来表达对平等公民权的诉求。

在工作无望、生活艰难的境遇下，劳务市场里的女性农民工只剩一副让男性产生无限遐想的身体，致使她们遭受各种歧视、性骚扰和侵犯。这些性骚扰与侵犯除了使她们忍受着制度性因素的规训，还使其身体遭受到活体试验般的恐惧与疼痛。然而，不愿屈服的她们通过各种方式，与制度中不公平的部分和男权主义宰制下的身体政治进行周旋与反抗。在一切都商品化、将一切都货币化的畸形年代里，她们仅仅是为了能够生存得安全一点、安心一些，而将自己的赤裸身体当作了主人，驾驭着劳务市场的整个夜晚。女性在自身身体受到难以磨灭的规训、压迫甚至性侵犯的同时，又游刃有余地利用自身的身体，凸显了身体的政治和政治的身体在女性农民工身上的展演过程。

对于男性农民工而言，进城意味着与家人分离，他们中的大部分就此成为了结构性光棍。由于生理需要缺乏正常的满足途径，导致他们中的许多人染上了性疾病。在第七章中，本书特别关注农民工感染"性疾病"的状况，并揭示制度性因素如何导致这种状况的产生。由于性病防治管理办法的某些缺陷，致使患上性疾病的农民工没有进入卫生防疫监控的视线内。尽管卫生科学知识能做得尽善尽美，但干预性措施仍然不能覆盖到他们。制度性因素导致这种状况的产生，迫使我们不得不对卫生管理方式和学术的研究倾向做一定的反思。事实上，身体政治的眼光永远是向下的。我们很难窥见统治者与性有关的任何研究报告或著述，而农民工与性有关的话题所引发的讨论却比比皆是。一个是权力象征的多性伴强者，一个是无权无钱的结构性光棍；一个受到社会的默认，一个遭受道德的谴责。治人者与被治者的巧合碰撞恰恰体现当代中国身体政治的关键所在。

因而，本研究呈现的是一个农民工群体内部的底层边缘人群，而且是一个被国家和社会视作没有道德、没有希望、没有追求、没有未来的乌合之众。他们整天以打零工、散工为生，完全被排除在社会服务的考量之外，听天由命、自生自灭。在黑心中介的玩弄下、在无良雇主的剥削下、在同为沦落人的欺压下，这里的农民工蜕变为如同霍布斯所担忧的处于自私、恐惧、贪婪、无情与残暴的危险状态，人人皆在盼自保、求生存（霍布斯，2010：92-97）。被污名化了的农民工被摆设在国家与社会设定好的底层边缘的位置上，从事着国家与社会期待他们从事的行为活动。缘于此，劳务市场上的农民工们常常做出自私自利、互相防范、荒淫好色、尔虞我诈、残暴无情的行为举止。而劳务市场亦常呈现出光怪陆离、怪事频发、险象环生的无厘头镜像。因此，除了为城市治理与安全考量而对其进行惩治与管理之外，国家和社会已经在积极意义上放弃并抛弃了他们。公共管理对其已经失去了作用的信心和兴趣。而治理的意图却在努力将其"去国家化"（第八章）。

如果说作为产业工人的农民工处于杜蒙说言的最底端的"阶序"状态，那么劳务市场上的这一群体却带有某种"脱嵌"的意味。杜蒙认为，"阶序"就是一种不同等级之间有序排列的体系化的规则（杜蒙，1992：92）。在泛印度各个社区中，阶序关系吊诡地包含着等级之间彼此的隔离与互相依赖的分工。尽管人们在阶序中高低有别，但彼此之间依然存在着比较强烈的互相服务的关系。加上印度卡斯特制度的世袭性，这种相互依赖的关系变成了一种可以在代际之间传递的人身依附关系。因此，社会分工变成一种生物性的结果，

"龙生龙、凤生凤"，演化成了一种奴役关系。如此一来，整个泛印度社会就是一个"阶序性的整体"。

　　与卡斯特制度相似当代中国仍然存在并贯彻着户口制度，它们的相似之处在于对人群的划分、隔离和一定程度的分工。但它们之间也存在本质的区别，卡斯特制度的阶序特征强调的是在分工基础上的互相服务，而且以宗教的逻辑渗透贯彻，具有高度世袭性的人身依附关系。户口制度却与之有所不同，虽然没有卡斯特制度的生物性的奴役关系，但户口制度却根据人口的出生的地理（城乡）位置划分出了类似种族性的分类类型。不同类型的人口按照所属的群体期望从事日常实践活动。处在当下的农民工群体被束缚在阶序链条的终端上，从事着异化的劳动，享受不到平等的公民权利。处于劳务市场上的农民工虽然也属于整个农民工的一分子，但从前文的分析中可以看到，他们被完全排除在阶序之外，成为了自我救赎的独立个体。这正揭示了农民工这一群体并不是一个同质的群体，在其群体内部包含着丰富的多样性。

　　事实上，户口制度是国家进行社会控制的重要手段。从实施的结果来看，虽然它不能完全控制人口平行流动，但仍设置了社会上下流动的障碍，生产并再生产了社会隔离与社会不平等。在地域性的划分中，出现了农村与城市的断裂。城市人被认为是时髦的、文明的和现代化的；相反，乡村人被认为是土气的、落后的和不开化的。此种类似种族主义的分类方式将人口视作不同的群体对待，亦即国家的治理术在整体社会中进行恣意切分，制造社会区隔。在此意义上，城市人越维护"优人一等"的心理，就越会巩固和强化这样的关系，或者说越强化这种关系，就越彰显自身比乡村人更胜一筹的优越感，这是一种正相关的关系。相反，不断膨胀的优越感，往往会导致加倍贬低乡村人的存在，尤其贬低进城务工的农民工，因为他们是乡村人的缩影和代表。即使户口制度被取消了，针对他们的隔离和歧视依然存在，除非消除附加在户口背后的福利待遇的差别。否则，进城农民工将永远是一群处在社会底层、城市边缘的乌合之众，也是在城市消费链上最终端的群体。

结合上文的叙述，我们应该将治理聚焦于社会结构本身，并努力从"权力导向"转向"权利导向"。在摆脱适应—生存论的同时，努力转向身份—权利模式，即从社会从属性和资源配置两方面来理解农民工公民权的实质。在此基础上，本书对底层边缘农民工的苦痛根源作了一番分析探讨，重新思考与认识了劳务市场中的底边人群躯体化的社会原因，认为农民工们没有诸如权力、技术、社会关系、资金等资源，只能通过身体体力来换取经济发展的利益，这正是当代中国"最大"的身体政治。

事实上，劳务市场上农民工的遭遇和行为，固然有其自身的问题与不足，我们却更应该关注城乡间的不平等发展，关注现有与农民工、特别是底层边缘农民工有关的社会政策，换句话说，劳务市场的混乱和农民工遭遇的根源不能简单地归因于其自身，事实上它反映了更深层次的社会结构矛盾。随着"十二五"规划纲要的付诸实施和"十三五"规划纲要的出台，希望农民工群体享有公正平等的公民权的这一天能够真正降临。

参 考 文 献

Arianne M. Gaetano & Tamara Jacka, eds.

 2004, *On the Move: Women in Rural-to-Urban Migration in Contemporary China*. New York: Columbia University Press.

Arthur P. Wolf

 1995, *Sexual Attraction and Childhood Association: A Chinese Brief for Edward Westernarck*, Stanford: Stanford University Press.

Bandyopadhyay, M. and J. Thomas

 2002, "Women Migrant Workers Vulnerability to HIV Infection in Hong Kong." *AIDS Care* (4): 509-521.

Bryan Turner

 1993, "Contemporary Problems in the Theory of Citizenship", Bryan Turner (ed.), *Citizenship and Social Theory*, Sage Publications, London.

Bourdieu, Pierre

 1984, *Distinction: A Social Critique of the Judgment of Taste*, translated by Richard Nice. Harvard University Press, Cambridge.

C. Cindy Fan

 1999, "Migration in a Socialist Transitional Economy: Hetero-geneity, Socioeconomic, and Spatial Characteristics of Migrants in China and Guangdong Province." *International Migration Review* 33 (4): 950-983.

——2000, "Migration and gender in China". In *China Review*, 2000. Eds. CM. Lau and J. Shen. Hong Kong: Chinese University Press. pp. 423-454.

——2002, "The Elite, the Natives, and the Outsiders: Migration and Labor Market Segmentation in Urban China", *Annals of the Association of American Geographers*, Vol. 92, No. 1, pp. 103-124.

——2003, "Rural-urban Migration and Gender Division of Labor in Transitional

China". *International Journal of Urban and Regional Research.* 27（1）：24–47.

——2008，*China on the Move：Migration，the State，and the Household.* New York. Routledge.

Catharine A. MacKinnon

1989，*Toward a Feminist Theory of the State*，Cambridge：Harvard University Press，p. 215.

Chan，Kam Wing，Ta Liu，and Yunyan Yang

1999. "Hukou and Non-Hukou Migrations in China：Comparisons and Contrasts." *International Journal of Population Geography* 5（6）：425–448.

Conrad Phillip Kottak

2006，*Window on Humanity：A Concise Introduction to Anthropology*，McGraw-Hill Higher Education.

David M. Lampton

2001. *Same Bed，Different Dreams：Managing U. S. –China Relations*，1989–2000. Berkeley：University of California Press.

Douglas，M.

1966，*Purity and Danger：An Analysis of Concepts of Pollution and Taboo.* Harmondsworth：Penguin.

——1970，*Natural Symbols：Explorations in Cosmology.* London：Barrie and Rockliff.

Du，Ying

2000， "Rural Labor Migration in Contemporary China：An Analysis of Its Features and the Macro Context," in West and Zhao（eds. ）*Rural Labor Flows in China，Institute of East Asian Studies*，University of California，Berkeley.

Durkheim，Emile

1966，*The Elementary Forms of the Religious Life*（translated by Joseph Swain）Glencoe：Free Press.

Elizabeth Croll and Ping Huang

1997， "Migration for and Against Agriculture in Eight Chinese Villages"，*The*

China Quarterly, Vol. 149, pp. 128-146.

Gary Sigley

2004, "Liberal Despotism: Population Planning, Subjectivity, and Government in Contemporary China", *Alternatives* 29, 557-575.

Gary Sigley

2009, "Suzhi, the Body, and the Fortunes of Technoscientific Reasoningin Contemporary China", *positions* 17: 3r, Duke University Press.

Gibbs, Jack & Martin, Walter

1964, *Status Integration and Suicide: A Sociological Study*, Eugene: University of Oregon Press.

Goffman E.

1963, *Stigma: Notes on the Management of Spoiled Identity*, New York: Simon & Schuster, p. 1.

Halbwachs, Maurice

1978, *The Causes of Suicide*, London: Routledge and K. Paul.

Harvey David

1989, *The Condition of Post-modernity: An Enquiry into the Origins of Cultural Change*, Cambridge, MA: Blackwell.

Hein Mallee

1996, "Reform of the Hukou System," *Chinese Sociology and Anthropology*, Vol. 29, No. 1: 3-26.

Henri Lefebvre

1991, The Production of Space, translated by Donald Nicholson-Smith, Blackwell Publishing.

Henry, A. F. & Short, J. F. Jr.

1954, *Suicide and Homicide: Some Economic, Sociological, and Psychological Aspects of Aggression*, New York: Free Press.

Hochschild, A.

1983, *The Managed Heart: Commercialization of Human Feeling*. Berkeley:

University of California Press.

Hooks Bell

1990, *Yearning: Race, Gender, and Cultural Politics*, Boston, MA: South End Press.

Huang, Youquin

2001, "Gender, Hukou, and the Occupational Attainment of Female Migrants in China (1985–1990)", *Environment and Planning A* 33 (2): 257–279.

Ivan Wolffers, Irene Fernandez, Sharuna Verghis, Martijn Vink

2002, "Sexual Behaviour and Vulnerability of Migrant Workers for HIV Infection, Culture", *Health & Sexuality*, Vol. 4, No. 4 (Oct. –Dec.), pp. 459–473.

Jerome, N. W.

1980, "Diet and Acculturation: The Case of Black–American Immigrants", in N. Jerome, R. F. Kandel, and G. H. Pelto (Eds.), *Nutritional Anthropology: Contemporary Approaches to Diet and Culture.* New York: Redgrave, pp. 275–325.

Kam Wing Chan

1994, *Cities with Invisible Walls: Reinterpreting Urbanization in Post* – 1949 *China.* Oxford University Press, Hong Kong.

Kam, Wing Chan and Li Zhang

1999, "The Hukou System and Rural-Urban Migration in China: Processes and Changes. " *The China Quarterly*: 831–840.

Kenneth Lieberthal

2003, *Governing China: From Revolution Through Reform*, W. W. Norton & Company, 2nd Revised edition.

Laurence J. C. Ma and Carolyn Cartier eds

2003, *The Chinese Diaspora: Space, Place, Mobility and Identity*, Lanham (Maryland): Rowman & Littlefield Publishers, Inc.

Lee, Ching Kwan

1998, *Gender and the South China Miracle: Two Worlds of Factory Women.* Berkeley: University of California Press.

Lemke, T.

2001, "The Birth of Bio-politics: Michael Foucault's Lectures at the College de France on Neo-liberal Governmentality", in *Economy and Society* v. 30, i. 2, pp. 190-207.

Li Zhang

2001a, *Strangers in the City: Reconfigurations of Space, Power, and Social Networks within China's Floating Population*, Stanford University Press.

——2001b, "Migration and Privatization of Space and Power in Late Socialist China," *American Ethnologist*, Vol. 28, No. 1.

Li, X, Fang, X., Lin, D., Mao, R., Wang, J., Cottrell, L., Harris, C., & Stanton, B.

2004, "HIV/STD Risk Behaviors and Perceptions Among Rural-to-urban Migrants in China", *AIDS Education and Prevention*, 16, 538-556.

Liang, Zai and Yiu Por Chen

2004, "Migration and Gender in China: An Origin-destination Linked Approach." *Economic Development and Cultural Change* 52 (2): 423-443.

Marshall, T. H. & Tom Bottomore

1992, *Citizenship and Social Class*, London: Pluto Press.

Makinen, Ilkka Henrik

1997, *On Suicide in European Countries*, Stockholm: Almqvist & Wiksell International.

Marcel Mauss

1979, *Sociology and Psychology: Essays*, Routledge, London.

Margaret Lock

1993, "Cultivating the Body: Anthropology and Epistemologies of Bodily Practice and Knowledge", *Annual Review of Anthropology* 22. 133-135.

Michel de Certeau

1984, *The Practice of Everyday Life*. Berkeley: University of California Press.

Moore

1986, Space, *Text and Gender*, Cambridge University Press.

Nancy M. Henley

1977, *Body Politics: Power, Sex, and Nonverbal Communication.* Englewood Cliffs, N. J.: Prentice-Hall.

Parrado, Emilio A., Chenoa A. Flippen, and Chris McQuiston

2005, "Migration and Relationship Power Among Mexican Women." *Demography.* 42 (2): 347-372.

Rich, A.

1980, "Compulsory Heterosexuality and Lesbian Existence' Signs": *Journal of Women, Culture and Society* 5 (4): 631-660.

Roberts, Kenneth D.

2002, "Female Labor Migrants to Shanghai: Temporary 'Floaters' or Potential Settlers?" *International Migration Review.* 36 (2): 492-519.

Shils, Edward

1966, "Ritual and Crisis". *Philosophical Transactions of the Royal Society,* series B, 251: 447-450.

Susan Greenhalgh and Edwin A. Winckler

2005, *Governing China's Population: From Leninist to. Neoliberal Biopolitics. Stanford,* CA: Stanford University Press.

Susan Greenhalgh

2003, "Science, Modernity, and the Making of China's One-Child Policy", *Population and Development Review* 29: 163-196.

Thomas Scharping

2003, *Birth Control in China* 1949-2000: *Population Policy and Demographic Development.* London: Routledge Curzon.

Tourigny, Sylvie C.

1998, "Some New Dying Trick: African American Youths 'Choosing' HIV/AIDS". *Qualitative Health Research* 8 (2): 149-168.

Trouillot, Michel-Rolph

1991, "Anthropology and the Savage Slot". In *Recapturing Anthropology: Working in the Present.* Richard Fox, ed. Santa Fe: School of American

Research, pp. 17-44.

Tuan Yi Fu

1974, *Topophilia: A Study of Environmental Perception*. Englewood Cliffs, NJ: Prentice-Hall.

——1977, *Space and Place: The Perspective of Experience*, Minneapolis, MN: Minnesota University Press.

Tyrene White

2006, *China's Longest Campaign: Birth Planning in the People's Republic*, 1949-2005, Cornell University Press, Ithaca and London.

Walby, S.

1989, "Theorising Patriarchy", *Sociology*, 23 (2), pp. 213-234.

Wu, Harry Xiaoying

1994, "Rural to Urban Migration in the People's Republic of China", *The China Quarterly*, No. 139: 669-698.

Xiaogang Wu & Donald J. Treinan

2007, "Inequality and Equality under Chinese Socialism: The Hukou System and Intergenerational occupational Mobility", *American Journal of Sociology* Vo. l 113 No. 2: 415-445.

Xiushi Yang and Guomei Xia

2008, "Temporary Migration and STD/HIV Risky Sexual Behavior: A Population-Based Analysis of Gender Differences in China", *Social Problems*, Vol. 55, No. 3, pp. 322-346.

——2006, "Gender, Migration, Risky Sex, and HIV Infection in China", *Studies in Family Planning*, Vol. 37, No. 4, pp. 241-250.

Xiushi Yang

1993, "Household Registration, Economic Reform and Migration", *International Migration Review*, Vol. 27, No. 4, pp. 796-818.

——2004, "Temporary Migration and the Spread of STDs/HIV in China: Is There a Link?" *International Migration Review*, Vol. 38, No. 1.

Yang, X., V. Derlega, and H. Luo

2007, "Migration, Behavior Change, and HIV/STD Risks in China." *AIDS Care* 19 (2): 282-288.

Zhenzhen Zheng, Yun Zhou, Lixin Zheng, Yuan Yang, Dongxia Zhao, Chaohua Lou, Shuangling Zhao

2001, "Sexual Behaviour and Contraceptive Use Among Unmarried, Young Women Migrant Workers in Five Cities in China", *Reproductive Health Matters*, Vol. 9, No. 17, pp. 118-127.

阿甘本

2005, "生命的政治化", 严泽胜译, 汪民安主编, 《生产（第二辑）》, 桂林：广西师范大学出版社。

阿兰·谢里登

1997, 《求真意志：密歇尔·福柯的心路历程》, 上海：上海人民出版社。

爱德华·W. 赛义德

2007, 《东方学》, 北京：生活·读书·新知三联书店。

爱德华·苏贾

2005, 《第三空间——去往洛杉矶和其他真实和想象地方的旅程》, 上海：上海教育出版社。

爱德华·泰勒

1992, 《原始文化》, 连树声译, 上海：上海文艺出版社。

安东尼·吉登斯

1998, 《社会的构成：结构化理论大纲》, 北京：生活·读书·新知三联书店。

——1998, 《现代性与自我认同：现代晚期的自我与社会》, 赵旭东、方文译, 北京：生活·读书·新知三联书店。

波兰尼

2007, 《大转型：我们时代的政治与经济起源》, 冯钢、刘阳译, 杭州：浙江人民出版社。

布莱恩·劳森

　　2003，《空间的语言》，北京：中国建筑工业出版社。

布莱恩·特纳

　　2000，《身体与社会》，沈阳：春风文艺出版社。

——2003，"身体问题：社会理论的新近发展"，汪民安译，汪民安、陈永国
　　编，《后身体：文化、权力和生命政治学》，长春：吉林人民出版社。

——2007，《公民身份与社会理论》，长春：吉林出版集团有限责任公司。

——2003，《普通身体社会学概述》，布赖恩·特纳编，《社会理论指南》，
　　李康译，上海：上海人民出版社。

蔡昉

　　1998，"二元劳动力市场条件下的就业体制转换"，《中国社会科学》，
　　第 2 期。

——2000，"中国城市限制外地民工就业的政治经济学分析"，《中国人口科
　　学》，第 4 期。

蔡禾等

　　2009，《城市化进程中的农民工：来自珠江三角洲的研究》，北京：社会
　　科学文献出版社。

查尔斯·蒂利、西德尼·塔罗

　　2010，《抗争政治》，南京：译林出版社。

陈鹏

　　2008，"公民权社会学的先声"，《社会学研究》，第 4 期。

陈映芳

　　2005，"农民工：制度安排与身份认同"，《社会学研究》，第 3 期。

陈友华

　　2007，"出生性别比偏高的原因、后果及治理对策研究"，《石家庄学院
　　学报》，第 5 期。

陈友华、徐愫

　　2009，"性别偏好、性别选择与出生性别比"，《河海大学学报（哲学社
　　会科学版）》，第 4 期。

程延

2004，"圈地运动——败家子式的发展"，《当代经济》，第 6 期。

大卫·哈维

2008，"时空之间：关于地理学想象的反思"，《都市空间与文化想象》，
上海：上海三联书店。

大卫·勒布雷东（David Le Breton）

2010，《人类身体史和现代性》，王圆圆 译，上海文艺出版社。

戴维·哈维

2010，《新自由主义简史》，王钦译，上海：上海译文出版社。

德里克·希特

2007，《何谓公民身份》，长春：吉林出版集团有限责任公司。

迪尔凯姆

1996，《自杀论》，北京：商务印书馆。

丁金宏等

2001，"上海流动人口犯罪的特征及其社会控制"，《人口研究》，第
6 期。

董建辉、徐雅芬

2011，"底层民众与政治权力"，《国外社会科学》，第 6 期。

董颖、陈青

2009，"流动人口犯罪人纳入城市社区矫正范围的思考"，《求实》，第
2 期。

杜正武

2003，"欠薪问题的法律思考"，《社会》，第 4 期。

段成荣、孙磊

2011，"流动劳动力的收入状况及影响因素研究"，《中国青年研究》，
第 1 期。

范可

2007a，"蛋民与认同政治：福建个案"，乔健，《底边阶级与边缘社
会：传统与现代》，台北：立绪文化事业有限公司。

——2007b，"'底边'的叙事"，《读书》，第 1 期。

——2010，"略论公民权与少数民族权利"，《江苏行政学院学报》，第 3 期。

——2011a，"灾难的仪式意义与历史记忆"，《中国农业大学学报（社会科学版）》，第 1 期。

——2011b，"自我的他者化——关于本土田野实践的思考"，《云南民族大学学报（哲学社会科学版）》，第 6 期。

弗里德曼

2004，《文化认同与全球化过程》，北京：商务印书馆。

费孝通

2002，《江村经济》，北京：商务印书馆。

——2008，《乡土中国》，北京：人民出版社。

冯珠娣、汪民安

2004，"日常生活、身体、政治"，《社会学研究》，第 1 期。

傅剑

2007，"制度缺失与行为越轨——对农民工犯罪的制度社会学解读"，湖南师范大学硕士学位论文。

甘满堂

2001，"农民工与转型期中国社会三元结构"，《福州大学学报》，第 4 期。

工作场所中的性骚扰研究课题组

"工作场所中的性骚扰"，《妇女研究论丛》，第 6 期。

郭力、陈浩、曹亚

2011，"产业转移与劳动力回流背景下农民工跨省流动意愿的影响因素分析"，《中国农村经济》，第 6 期。

郭于华、沈原、潘毅、卢晖临

2011，"当代农民工的抗争与中国劳资关系转型"，香港《二十一世纪》，四月号。

国务院课题组

2006，《中国农民工调研报告》，北京：中国言实出版社。

韩俊

1994，"城乡隔离必然打破——中国户籍管理制度改革在即"，《视点》，第 8 期。

郝大海、王卫东

2009，"理性化、市场转型与就业机会差异"，《中国社会科学》，第 3 期。

何明洁

2009，"劳动与姐妹分化"，《社会学研究》，第 2 期。

何潇、何雪松

2011，"苦痛的身体：一位青年女性打工者的疾病叙事"，《当代青年研究》，第 6 期。

何兆雄、David Lester

"中国自杀率的性别差异"，《医学与社会》，1997 年 12 月。

贺萧

2010，《危险的愉悦：20 世纪上海娼妓问题与现代性》，南京：江苏人民出版社。

赫尔兹

2011，《死亡与右手》，吴风玲译，上海：上海人民出版社。

亨利·列斐伏尔

2003，"空间：社会产物与使用价值"，包亚明主编，《现代性与空间的生产》，上海：上海教育出版社。

——2008，《空间与政治》，李春译，上海：上海人民出版社。

洪千雅

1995，"身体经验冲突/增能的自我叙说"，高雄师范大学性别教育研究所硕士论文。

侯静娜

2006，"全球化对女性的影响"，《国外理论动态》，第 1 期。

侯力等

2010，"城市农民工二代移民社会融入的障碍研究"，《人口学刊》，第 6 期。

胡杰成

2007，"社会排斥与农民工的城市融入问题"，《兰州学刊》，第 7 期。

胡学勤

2007，"农民工受歧视的二元制度分析"，《扬州大学学报（人文社会科学版）》，第 3 期。

黄金麟

2001，《历史、身体、国家：近代中国的身体形成 1895-1937》，台北：联经出版事业公司。

黄俊杰

2004，《东亚儒学史的新视野》，台北：台湾大学出版中心。

黄平

1997，《寻求生存：当代中国农村外出人口的社会学研究》，昆明：云南人民出版社。

黄盈盈

2008，《身体、性、性感》，北京：社会科学文献出版社。

黄咏梅

2003，"塑身运动、厌食症到胖妹骄傲的思考——一个女性主体与女性身体的提问"，（台湾）《文化研究月报》，第 34 期，http：//www. cc. ncu. edu. tw/ ~csa/oldjournal/34/journal_ park285. htm。

黄宗智

2005，"认识中国——走向从实践出发的社会科学"，《中国社会科学》，第 1 期。

霍布斯

2010，《利维坦》，北京：商务印书馆。

基思·福克斯

2009，《公民身份》，长春：吉林出版集团有限责任公司。

简忆铃

2003，"生命中不可承受之重——暴食症女性的身心政治"，东吴大学社会工作学系硕士论文。

江立华

2002，"转型期城市农民工的犯罪与社会控制"，《江苏社会科学》，第 2 期。

——2003，"城市性与农民工的城市适应"，《社会科学研究》，第 5 期。

杰华

2006，《都市里的农家女：性别、流动与社会变迁》，南京：江苏人民出版社。

景军、吴学雅、张杰

2010，"农村女性的迁移与中国自杀率的下降"，《中国农业大学学报（社会科学版）》，第 5 期。

卡尔·门林格尔

1990，《人对抗自己：自杀心理研究》，贵阳：贵州人民出版社。

克里斯·希林

2011，《文化、技术与社会中的身体》，李康译，北京：北京大学出版社。

——2010，《身体与社会理论》，北京大学出版社。

克利福德·格尔茨

2008，《文化的解释》，南京：译林出版社。

赖英宏

2001，"主体型构、能动性与政治抵抗——以国内塑身论战为例"，东吴大学政治学系硕士论文。

蓝佩嘉

1998，"销售女体女体劳动：百货专柜化妆品女销售员的身体劳动"，《台湾社会学研究》，第 2 期。

李长健、唐欢庆

2007，"新生代农民工犯罪的文化社会学研究"，当《代青年研究》，第 3 期。

李国彦

2011，"遏止'假民工'的敲诈"，《建筑》，第 18 期。

李慧静

2010，"同性恋者的心理健康状况及其影响因素"，《社会心理科学》，第 4 期。

李静君

2006，"中国工人阶级的转型政治"，李友梅、孙立、沈原，《当代中国社会分层：理论与实证》，北京：社会科学文献出版社。

李骏、顾燕峰

2011，"中国城市劳动力市场中的户籍分层"，《社会学研究》，第 2 期。

李娟

2011，"小城镇女性农民工性服务研究——以 L 市 Y 区为例"，《妇女研究论丛》，第 1 期。

李连江、欧博文

1997，"当代中国农民的依法抗争"，吴国光编，《九七效应：香港与太平洋》，香港：太平洋世纪研究所。

李培林

2003，《农民工：中国进城农民工的经济社会分析》，北京：社会科学文献出版社。

李培林、李炜

2007，"农民工在中国转型中的经济地位和社会态度"，《社会学研究》，第 3 期。

李强

2003，"影响中国城乡流动人口的推力与拉力因素分析"，《中国社会科学》，第 1 期；

——2004，"社会学的'剥夺'理论与我国农民工问题"，《学术界》，第 4 期。

——2004，《农民工与中国社会分层》，北京：社会科学文献出版社。

李伟东

2009，"新生代农民工的城市适应研究"，《北京社会科学》，第 4 期。

李亦园

1999，《田野图像——我的人类学研究生涯》，济南：山东画报出版社。

李银河

　　1997，《女性权力的崛起》，北京：中国社会科学出版社。

　　——2001，《福柯与性：解读福柯〈性史〉》，济南：山东人民出版社。

　　——2002，《同性恋亚文化》，北京：中国友谊出版公司。

练玉春

　　2007，"城市空间：一个实践的场所"，《全球化进程中的上海与东京》，
上海三联书店。

两岸三地高校富士康调研组

　　2010，"两岸三地高校富士康调研总报告"，http：//it. sohu. com/20101009/
n275489839. shtml。

林淑蓉

　　2005，"药物治疗与身体经验：精神疾病患者的自我建构"，《国立台湾
大学考古人类学刊》，第 64 期。

林兴初

　　2007，"公正视野中的农民权利"，《理论与改革》，第 2 期。

刘传江

　　2010，"新生代农民工的特点、挑战与市民化"，《人口研究》，第 2 期。

刘传江等

　　2009，"中国第二代农民工研究"，济南：山东人民出版社。

刘春荣

　　2010，"关于农民工'讨薪'问题的思考"，《中国劳动关系学院学报》，
第 2 期。

刘璞

　　2010，"论女性就业歧视现状及其保护"，《前沿》，第 23 期。

鲁思·本尼迪克特

　　1990，《菊与刀》，北京：商务印书馆。

路易·杜蒙

　　1992，《阶序人：卡斯特体系及其衍生现象》，王志明译，台北：远流出
版事业股份有限公司。

罗福群等

　　2004 年，"欠薪问题的原因与对策探讨"，《南方经济》，第 1 期；

麻国安

　　2000，《中国的流动人口与犯罪》，北京：中国方正出版社。

——2010，"身体的多元表达：身体人类学的思考"，《广西民族大学学报

　　（哲学社会科学版）》，第 3 期。

马克思

　　2004，《资本论（第一卷）》，北京：人民出版社。

马克斯·韦伯

　　2010，《新教伦理与资本主义精神》，北京：社会科学文献出版社。

马林诺夫斯基

　　2002，《原始社会的犯罪与习俗》，昆明：云南人民出版社。

——2009，《西太平洋上的航海者》，北京：中国社会科学出版社。

马歇尔，T. H.

　　2008，《公民权与社会阶级》，引自安东尼·吉登斯，《公民权与社会阶

　　级》，南京：江苏人民出版社。

玛丽·道格拉斯

　　2008，《洁净与危险》，北京：民族出版社。

迈克尔·V. 安斯洛

　　2010，"修道院内的揭秘和互动"，《人类学家在田野》，上海：上海译

　　文出版社。

迈克尔·R. 达顿

　　2009，《中国的规制与惩罚：从父权本位到人民本位》，郝方昉、崔洁

　　译，北京：清华大学出版社。

米歇尔·福柯

　　2005，《性经验史》（增订版），上海：上海人民出版社。

——2007：《规训与惩罚》，北京：生活·读书·新知三联书店。

——2011，《生命政治的诞生 1978-1979》，莫伟民、赵伟译，上海：上海人

　　民出版社。

——2010a，《安全、领土与人口》，钱翰、陈晓径译，上海：上海人民出版社。

——2010b，《必须保卫社会》，钱翰译，上海：上海人民出版社。

——2007，《疯癫与文明》，北京：生活·读书·新知三联书店。

莫里斯·梅洛-庞蒂

2001，《知觉现象学》，姜志辉译，北京：商务印书馆。

南京市安德门民工就业市场

2009，工作总结，内部资料，未刊发。

欧文·戈夫曼

2008，《日常生活中的自我呈现》，冯钢译，北京：北京大学出版社。

潘毅

2005，"阶级的失语与发声——中国打工妹研究的一种理论视角"，《开放时代》，第 2 期。

——2007，《中国女工——新兴打工阶级的形成》，任焰译，香港明报出版社有限公司出版。

潘毅等

2010，"阶级的形成：建筑工地上的劳动控制与建筑工人的集体抗争"，《开放时代》，第 5 期。

皮埃尔·布迪厄

2003，《实践感》，南京：译林出版社。

皮埃尔·布迪厄、华康德

1998，《实践与反思——反思社会学导引》，李猛、李康译，北京：中央编译出版社。

亓昕

2011，"建筑业欠薪机制的形再生产分析"，《社会学研究》，第 5 期。

乔健

2007，《底边阶级与边缘社会：传统与现代》，台北：立绪文化事业有限公司。

秦洁

2010，"'下力'的身体经验：重庆'棒棒'身份意识的形成"，《广西民族大学学报》，第 3 期。

让-弗朗索凡·利奥塔

1996，《后现代状况：关于知识的报告》，长沙：湖南美术出版社。

任九光

2004，"地域性犯罪群体的概念、成因及预防"，《中国人民公安大学学报》，第 5 期。

任焰、潘毅

2006，"宿舍劳动体制：劳动控制与抗争的另类空间"，《开放时代》，第 3 期。

邵京

2007，"河南农村出现的新底边阶级"，乔健编著，《底边阶级与边缘社会：传统与现代》，台北：立绪文化事业有限公司。

——2009，"走出乙肝：从身体的政治到政治的身体"，乔健主编，《异文化与多元媒体》，台北：世新大学出版。

——2011a，"边疆、道德、治理：以感染性疾病的控制为例"，《中南民族大学学报（人文社会科学版）》，第 2 期。

——2011b，"何以为人：关于人民与人口的思考"，《江苏行政学院学报》，第 5 期。

——2011c，"田野无界——关于人类学田野方法的思考"，《云南民族大学学报（哲学社会科学版）》，第 5 期

宋林飞

1982，"农村劳动力的剩余及其出路"，《中国社会科学》，第 5 期。

——1995，"'民工潮'的形成、趋势与对策"，《中国社会科学》，第 4 期。

——1996，"中国农村劳动力的转移与对策"，《社会学研究》，第 2 期。

——1997，《西方社会学理论》，南京：南京大学出版社。

苏黛瑞

2009，《在中国城市中争取公民权》，杭州：浙江人民出版社。

孙华

2004，"民工讨薪难的深层分析与机制建构"，《晋阳学刊》，第 4 期；

孙淑敏

2010，"乡城流动背景下低收入地区农村男子的择偶困境——对甘肃省东部蔡村的调查"，《西北人口》，第 1 期。

唐灿

1996，"性骚扰——城市外来女民工的双重身份与歧视"，《社会学研究》，第 4 期。

陶自祥

2011，"代内剥削：农村光棍现象的一个分析框架"，《青年研究》，第 5 期。

佟新

2003，"社会结构与历史事件的契合——中国女工的历史命运"，《社会学研究》，第 5 期。

涂尔干

1999，《宗教生活的初级形式》，北京：中央民族大学出版社

托马斯·穆尔

1996，《乌托邦》，戴镏龄译，北京：商务印书馆。

外来农民工课题组

1995，"珠江三三角洲外来农民工状况"，《中国社会科学》，第 4 期。

──1995，谭深执笔，"外出打工与农村及农民发展"，《社会学研究》，第 4 期。

汪国华

2009，"新生代农民工交往行为的逻辑与文化适应的路向"，《中国青年研究》，第 5 期。

汪民安

2008，《福柯的界线》，南京：南京大学出版社。

──2003，"SARS 危机中的身体政治"，汪民安主编，《身体的文化政治学》，洛阳：河南大学出版社。

──2005，《身体、空间与后现代性》，南京：江苏人民出版社。

汪民安、陈永国主编

2003，《后身体：文化、权力和生命政治学》，长春：吉林人民出版社。

汪民安、郭晓彦

2011，"生命政治福柯阿甘本与埃斯波西托"，汪民安主编，《生产（第7辑）》，南京：江苏人民出版社。

王春福

2008，"改善民生与关照弱势群体的公共政策运行机制"，《理论探讨》，第2期。

王春光

1995，《社会流动和社会重构——京城浙江村研究》，杭州：浙江人民出版社。

——2001，"新生代农村流动人口的社会认同与城乡融合的关系"，《社会学研究》，第3期。

——2003，"农民工的社会流动和社会地位的变化"，《江苏行政学院学报》，第4期。

——2004，"农民工群体的社会流动"，陆学艺主编，《当代中国社会流动》，北京：社会科学文献出版社。

——2010，"新生代农民工城市融入进程及问题的社会学分析"，《青年研究》，第3期。

王华

2011，"空间的底边与底边的空间——来自南京安德门民工就业市场的社会人类学研究"，《江苏行政学院学报》，第5期

——2012，"身体政治与女性农民工"，《云南民族大学学报（哲学社会科学版）》，第1期。

——2012，"中国的城市化与失地农民"，未刊稿。

王惠

2010，"我国欠薪防治制度存在的问题及其重构"，《江西社会科学》，第3期。

王宁、严霞

2011，"两栖消费与两栖认同——对广州市 J 工业区服务业打工妹身体消费的质性研究"，《江苏社会科学》，第4期。

王水雄

2003，《结构博弈——互联网导致社会扁平化的剖析》，北京：华夏出版社。

——2012，"有效的信誉机制为何建立不起来？"，未刊稿。

王小章

2009，"从'生存'到'承认'：公民权视野下的农民工问题"，《社会学研究》，第 1 期。

王毅

2009，"中国走向公民社会的困难、可能与路径选择"，《开放时代》，第 10 期。

王毅等

2011，"男男性行为者自杀行为相关危险因素 Logistic 分析"，《现代预防医学》，第 12 期。

王宗萍

2003，"高度集中的婚姻挤压最令人担忧"，《人口研究》，第 5 期。

汪国华

2009，《文化适应的本土化研究：以新生代农民工为例》，南京：南京大学出版社。

威兼·富特·怀特

1994，《街角社会》，北京：商务印书馆。

维克多·特纳（Victor Turner）

2006，《仪式过程：结构与反结构》，黄剑波、柳博赟译，北京：中国人民大学出版社。

文华

2010，"整形美容手术的两难与焦虑的女性身体"，《妇女研究论丛》，第 1 期。

文军

2001，"从生存理性到社会理性选择：当代中国农民外出就业动因的社会学分析"，《社会学研究》，第 6 期。

吴飞

2007，《自杀作为中国问题》，北京：生活·读书·新知三联书店。

——2010，"自杀与中国式美好生活"，《南方人物周刊》，第 22 期。

吴振华

2005，"农民工的城市及其原因探析"，《理论与改革》，第 5 期。

武勇、杨玉华

2010，"谁在给违规圈地套上新光环"，《半月谈》，第 11 期。

夏希原

2008，"发现社会生活的阶序逻辑——路易·杜蒙和他的《阶序人》"，《社会学研究》，第 5 期。

谢桂华

2012，"中国流动人口的人力资本回报与社会融合"，《中国社会科学》，第 4 期。

休谟、穆拉克

2010，《人类学家在田野》，龙菲译，上海译文出版社。

徐昕

2007，"中国农民工为何以死抗争？"，香港《二十一世纪》，四月号。

——2008，"为权利而自杀——转型中国农民工的'以死抗争'"，北京天则经济研究所主编，《中国制度变迁的案例研究（第六集）》，北京：中国财政经济出版社。

徐莺

2010，"新生代农民工问题：乡土变迁的社会隐喻"，《江淮论坛》，第 6 期。

许传新

2007，"'落地未生根'——新生代农民工城市社会适应研究"，《南方人口》，第 4 期。

许纪霖

2010，"现代性的歧路：清末民初的社会达尔文主义思潮"，《史学月刊》第 2 期。

许晶华

　　2000，"新经济：中国的现实和任务"，《浙江经济》，第 12 期。

许倬云

　　2007，"社会的底与边"，乔健编著，《底边阶级与边缘社会：传统与现代》，台北：立绪文化事业有限公司。

严海蓉

　　2005，"虚空的农村和空虚的主体"，《读书》第 7 期。

阎云翔

　　2003，"汉堡包和社会空间：北京的麦当劳消费"，《中国城市的消费革命》，上海：上海社会科学院出版社。

——2009，《私人生活的变革：一个中国村庄里的爱情、家庭与亲密关系》，龚小夏译，上海：上海书店出版社。

杨金志等

　　2009，"农民工二代入城'三难'"，《瞭望》，Z1。

杨琳

　　2010，"治欠薪何时走出'专项制'"，《瞭望》，第 52 期。

杨念群

　　2003，"从科学话语到国家控制"，汪民安主编，《身体的文化政治学》，河南大学出版社。

——2006，
"再造'病人'：中西医冲突下的空间政治（1832—1985）"，北京：中国人民大学出版社。

杨昕

　　2008，"新生代农民工的'半城市化'问题研究"，《当代青年研究》，第 9 期。

杨云娟

　　2007，"城市农民工犯罪特征分析"，《乡镇经济》，第 5 期。

姚先国、谢嗣胜

　　2004，"西方劳动力市场歧视理论综述"，《中国海洋大学学报（社会科学版）》，第 6 期。

于建嵘

2004，"当代中国农民的以法抗争：关于农民维权活动的一个解释框架"，《社会学研究》，第2期。

——2008，《漂移的社会：农民工张全收和他的事业》，北京：中国农业出版社。

袁亚愚

1995，"民工潮——中国现代工业社会的'生育阵痛'"，《社会科学研究》，第2期。

曾春娥

2004，"我国女同性恋者的健康问题及其对策"，《中国性科学》，第3期。

翟学伟

2004，《中国社会中的日常权威》，北京：社会科学文献出版社。

——2005，《人情、面子与权力再生产》，北京：北京大学出版社。

——2006，"熟人社会阻碍现代化进程"，《人民论坛》，第10期。

詹姆斯·C. 斯科特

2011，《农民的道义经济学：东南亚的反叛与生存》，南京：译林出版社。

张春龙

2011，"现代性与边缘化：新生代农民工特点、问题及出路探讨"，《中州学刊》，第2期。

张杰、景军

2011，"中国自杀率下降趋势的社会学分析"，《中国社会科学》，第5期。

张抗私

2009，"就业性别歧视与人力资本投资倾向交互作用分析"，《浙江大学学报（人文社会科学版）》，第4期。

张立今

2006，"论弱势群体及其权利维护问题"，《当代世界与社会主义》，第5期。

张喜华

2010，"后现代视野中的女性主义文化研究"，《社会科学辑刊》，第 5 期。

张晓红

2007，"融入与隔离：从打工妹到卖淫女的角色转变"，《青年研究》，第 1 期。

张亚辉

2005，"农民工犯罪的文化冲突解读"，中国政法大学学位论文。

张翼

2002，"社会学自杀研究理路的演进"，《社会学研究》，第 4 期。

张雨林

1984，"农村剩余劳动力转移的层次与城乡结构"，《中国农村观察》，第 2 期。

张原震

2007，"犯罪农民工的人口学特征及其分析"，《西北人口》，第 3 期。

章元、王昊

2011，"城市劳动力市场上的户籍歧视与地域歧视"，《管理世界》，第 7 期。

赵文英

2011，"徘徊在'人民'和'人口'两个不同的概念中"，《开放时代》，第 1 期。

赵晔琴

2007，"农民工：日常生活中的身份建构与空间型构"，《社会》，第 6 期。

郑丹丹

2007，"身体的社会型塑与性别象征——对阿文的疾病现象学分析及性别解读"，《社会学研究》，第 2 期。

郑功成等

2007，《中国农民工问题与社会保护》，北京：人民出版社。

郑婉君

2005，"脸部整形美容医疗情境中的女性身体经验"，高雄医学大学性别研究所硕士论文。

资中筠

2002，"从'社会达尔文主义'说起"，《社会科学论坛》，第 9 期。

智敏

2007："假找工作真找茬 找来找去进班房"，《乡镇论坛》，第 5 期。

中共中央马克思恩格斯列宁斯大林著作编译局

2004，《资本论》，北京：人民出版社。

中华人民共和国国务院

2009 年版《流动人口计划生育工作条例》

周大鸣

2004，《渴望生存：农民工流动的人类学考察》，广州：中山大学出版社。

周大鸣、周建新

2006，"自由的都市边缘人"，《西南民族大学学报（人文社科版）》，第 9 期。

——2007，"建筑散工的群体特征研究"，《西南民族大学学报（人文社科版）》，第 5 期。

周丽红，欧华军

2008，"文化冲突与行为越轨：对城市农民工犯罪问题的实证研究"，《经济与社会发展》，第 12 期。

周其仁

1997，"机会与能力——中国农村劳动力的就业和流动"，《管理世界》，第 5 期。

周小亮

1994，"劳动力市场城乡歧视及其社会经济效应"，《当代财经》，第 9 期。

朱虹

2003，《收割城市的女孩》，哈尔滨：黑龙江人民出版社。

——2004，"打工妹的城市社会化"，《南京大学学报》，第 6 期。

——2008，"身体资本与打工妹的城市适应"，《社会》，第 6 期。

朱力

2002，"论农民工阶层的城市适应"，《江海学刊》，第 6 期。

——2002a，"中国民工潮"，福州：福建人民出版社。

——2003，"农民工阶层的特征与社会地位"，《南京大学学报》，第 6 期。

朱泽

1993，"'民工潮'问题的现状、成因和对策"，《中国农村经济》，第 12 期

祝平燕、周天枢、宋岩

2007，《女性学导论》，武汉：武汉大学出版社。

左晓斯

2006，"话语权回归与制度再造"，《广东社会科学》，第 4 期。

索　引

B

棒棒儿 12，13
本尼迪克特（Ruth Benedict）49
边缘 3，17，18，22-25，33，38，
　69
波兰尼（Karl Polanyi）55
博弈 86，104，161
布迪厄（Pierre Bourdieu）16，92

C

拆迁 54，56，57，95，99
超结构 16，52，53，148
成年礼 28
城市化 17，41，43，53-55，57，
　58，69，70，72，120，125，
　157，174，186
错位 126

D

打工妹 11-12，17，125，127
道格拉斯（Mary Douglas）4，13
德塞都（Michel de Certeau）35
邓小平时代 8
迪尔凯姆 159，160，

底边社会 3，134，
底层 9，12，16-18，23-25，38-
　39，49，69，92，96，106，
　125，140，166，169，175，
　179，186，188，190
地方感 60
杜蒙（Louis Dumont）14，15，
　156，188

F

法礼之外 38
法权化 6
凡俗 4
反结构 3，52，69，72，148
范杰内普（A. van Gennep）16，
　52，69
范可 45
福柯（Michel Foucault）5，6，9，
　10，13 - 15，69，134，136，
　143-145，167，168

G

改革开放 21，54，120，137，168
高风险社区 31
戈夫曼（Erving Goffman）3，13，68

格尔茨（Clifford Geertz）43

格林翰（Susan Greenhalgh）7，8

公民权 18，25，34-37，40，41，49，73，90，101，172，176-180，186，187，190

共态 16，52，53，69，148

官僚 8

规训 5，8，11，12，14，23，24，70，104，126，136，140，152，154，167，168，186，187

国家化 156，167-170

国家权力 9，17，22，37，125，144，156，169

过渡性 16，19，52，53，148

H

赫尔兹（Hertzs）3

亨利（Nancy M. Henley）14

互动 3，7，11，14，60，86，174，181，182

户籍 20，34，70，134，136，169，177

户口 18-20，136，145

户口制度 19，20，144-145，156，168，177，189

黄宗智 45

霍克希德（Hochschild, A）11

J

基博斯（Gibbs, Jack）158，159

集体表象 3，4

阶序 14，15，188，189

阶序人 14

阶序性身体 14

禁忌 40

局内人 28，48

K

凯博文（Arthur Kleinman）180，181

抗争 9，11，12，14-16，34，37，40，104-106，112，125，135，136，160，162，163，166，167

抗争的次文体 12

空间 7，34-37，43，47，57，58，73，92，100，101

跨国资本 21，160

L

劳务市场 2，3，15，16，18，23-25，32-39

李亦园 41，46

利奥塔（Jean-Francois Lyotard）153

列斐伏尔（Henri Lefebvre）35

列宁主义 8

洛克（Margaret Lock）4

M

马丁（Martin, Walter）158，159

马基宁（Makinen, Ilkka Henrik）
159，160

马克思 11，35，87，90

马林诺斯基（Bronislaw Malinowski）
47

马歇尔（T. H. Marshall）176，
177

毛泽东时代 8

门槛 16，52，53，70，148

莫斯（Marcel Mauss）3

N

男权主义 11，17，128，134，
149，187

农民工 2，15-23，29，35-45，
52-54，79，82，84，90，104，
126-137，144，156，161

农转非 174

Q

情感管理 11

情绪劳动 11

躯体化 15，179，180，181，190

去国家化 156，167，169，186

R

权力 2-10，13-15，23，37，43，
57，100，101，136，143-145，
167-170，190

权力精英 7，177

全景敞视 5

全球化 21，22，47，161，163，
179

R

人口 5-8，15，20，34，154，
157，159，167

人类学 3，9，12，16，24，28，
31，40，44-49，181

肉体政治 4

弱势群体 106，154，179

S

赛义德（Edward W. Said）37

三无人员 34，186

扫黄 149，150，151

社会从属性 172，190

社会结构 3，13-15，23，53，70，
125，148，159，172，179-181

社会苦楚 23

社会性身体 4，168

身份-权利模式 172，190

身体 2-16，24，25，122，125-
127，132-136，140，143，169，
181，187

身体的政治 5，9，15，126，127，136，169，187

身体机能 3

身体技术 12

身体图式 12

身体政治 3－10，13，14，134，140，142，154，156，187-190

身体资本 12，16，182

深度访谈 46

神圣 4

生命政治 5，8，9，15，143

时空化 6

市场化 33，34，125，126，161

市民权 178

适应 12，15，17，25，172-175

适应—生存论 25，172，179，190

斯宾塞（H. Spencer）173

斯大林主义 8

斯科特（James C. Scott）84，106

苏黛瑞（Dorothy J. Solinger）21，34，90，176，177

素质 20，21，70，136，186

塑造 3，6，12，35，37，120，154，169，174，175

T

他者 28，32，45，46，101，186

特纳（Victor Turner）3，16，52，69，148

田野 28，29，38，40，44-48，73

田野工作 23，28，31，44，47，172

通过仪式 16，52，69，147

涂尔干 157，158

W

微观权力 4，5，14

文化 6，13，20，23，28，45，49，65，105，180

文化人类学 4，91

文化震撼 46

文化资本 16

我族中心主义 49

污染 4，30

武雅士（Arthur Wolf）40

物化 183

X

现代性 5，20，87

相对主义 49

象征 4，14，149，150，188

象征人类学 3

象征系统 3

新三座大山 12

新型打工阶级 11

新自由主义 8，21，22

性疾病 140，142，148，151，153，156

性经验史 14，143，144

Y

一胎化 14，143，144

仪式 4，16，19，52，69，148，159，167

乙肝 9

乙肝病毒携带者 9

乙肝维权者 9

隐喻 6，13，14，143

阈限 16，19，52，69，72，148

Z

宰制 3，23，37，38，49，101，134，140，187

征地 54，56，57

政治的身体 5，9，15，126，136，187

治理 5，8-10，19，154，168，188

治理术 5，8，9，19，129，145，150，154，189

秩序 3，35，37，70，156，179

种姓 14，156

资源配置 190

自杀 69，156-164，166，180，182

综合治理 8

图表索引

图 1-1　劳务市场的大门及其内部　　　　　　　　　　　　　29

图 2-1　劳务市场门口的治安亭和头戴钢盔的保安　　　　　36

图 3-1　被拆迁的村庄　　　　　　　　　　　　　　　　　56

图 3-2　劳务市场旁边的报刊亭　　　　　　　　　　　　　64

图 4-1　理发匠正在为一位农民工刮胡子　　　　　　　　　72

图 4-2　劳务市场内的各个中介窗口　　　　　　　　　　　74

图 4-3　站在白线之后负责拉雇主的中介人员　　　　　　　81

图 4-4　劳务市场外面的马路上，围绕着雇主的一群农民工　88

图 4-5　中午冒出来的小吃摊儿　　　　　　　　　　　　　91

图 4-6　劳务市场边上的快餐店　　　　　　　　　　　　　92

图 4-7　卖鸡蛋饼的三轮车摊位　　　　　　　　　　　　　93

图 4-8　下载手机歌曲，每首五角　　　　　　　　　　　　94

图 4-9　年老农民工唱着凄婉哀怨的《小寡妇上坟》　　　　97

图 4-10　高架桥下农民工睡觉的地方　　　　　　　　　　97

图 4-11　抬着行李去找 15 元一晚的旅社　　　　　　　　98

图 4-12　夜晚，在广场上看跳舞的农民工　　　　　　　　100

图 4-13　创作的画作和晾晒的衣服、鞋子等　　　　　　　101

图 5-1　天气寒冷，农民工来到地铁站内赌博　　　　　　107

图 5-2　劳务市场附近的居民的防盗门窗　　　　　　　　111

图 6-1　待业的志英　　　　　　　　　　　　　　　　　130

图 6-2　红云在跟同伴聊天　　　　　　　　　　　　　　132

图 6-3　附近旅社霓虹灯闪烁，性交易的床铺　　　　　　134

图 7-1　患病的老李　　　　　　　　　　　　　　　　　141

图 8-1　自杀的农民工和围观的人群　　　　　　　　　　162

图 8-2　医院里的小田　　　　　　　　　　　　　　　　164

后　记

　　本书是在我博士论文的基础上修改增删而成的。回忆往昔，往事历历在目：2008 年，我的硕士生导师、语言学家余瑾教授将我引荐给广西民族大学的人类学教授徐杰舜先生，并在徐教授的推荐下，我考取南京大学，成为范可先生的弟子。在南大读博士的岁月里，我的成长离不开恩师范可先生的倾力指导和帮助。恩师是国际人类学界研究中国问题的知名教授，拥有着十分丰富的国内外教学和研究经验。他广阔的视野、渊博的学识、卓著的成果让我钦佩、尊重和景仰。

　　事实上，我刚开始学习时，太多的知识需要去学习弥补，备感压力巨大。幸运的是，恩师不但不嫌弃，反而对我关爱有加。最终在恩师的引导下，我这个门外汉终于找到了一点儿研习人类学的感觉。在平时学习中，恩师时常督促我努力读书、看资料，不时地将研究的相关信息转发给我，并安排我三次在社会文化人类学研究所举办的"谋思谈"（内部学术研讨会）上发言，以听取师生的建议。尤其到了博士论文阶段，恩师从我论文选题、田野工作、资料整理，到写作、修改都给予了悉心的指导。

　　为了开拓我的研究视野，他一直鼓励我去参加各种学术会议，加强与学界的交流。此外，他还将自己的办公室供我使用，给我提供了优越的学习环境。恩师的学术关怀和价值理念深深地影响了我。毫不夸张地说，他给了我全新的学术视野，让我去寻找当代人类学的学术真谛，探索自己的研究兴趣。同时，他教会了我如何迈向学术世界，成为一名心系现实、关怀弱者的人类学研究者。恩师的言传身教和忘年情谊成为了我今生为人治学的宝贵财富。在本书草就之际，我衷心感谢恩师无私的付出，感激恩师的海涵与包容。

除了恩师之外，人类学研究所还拥有一支相当具有竞争力的、国际化背景鲜明的科研、教学队伍。我能身处其中聆听他们的教诲实属幸运。常常以激情四射、思想深刻、功力深厚为特点的邵京老师在我论文写作之时给予了很多宝贵的建议。儒雅绅士的杨德睿老师、严谨求真的张玉林老师、思路敏捷的杨渝东老师、稳重和善的谢燕清老师、为人亲和的褚建芳的指导与帮助，使我获益匪浅。定期举办的学术讨论会——"谋思谈"春风化雨，为我搭建了一个接受人类学专业知识的好平台。思想碰撞所迸发出的炫目火花让我眼花缭乱、应接不暇。

南京大学社会学院群星璀璨，众多大师的研究精神和学术风骨深深影响着我。周晓虹教授的挥洒自如、灵感迸发，风笑天教授的严谨细致，张鸿雁教授的精辟独到，翟学伟教授的睿智练达，彭华民教授的亲切温润，朱力教授的平易近人，成伯清教授的深入浅出让我至今获益匪浅。他们渊博的学识、敏锐的视角以及关怀社会、敢于担当的学术精神为我们创造了极其宝贵的学术环境。我还要感谢社会学院的方文晖书记，办公室的蒋海云老师、严玲老师、赵燕霞老师、高惠玲老师、任爱民老师、胡洁老师、郭浩老师以及资料室的陈露老师。他们的熏陶和教益让我铭记在心，永志不忘。

南大的校园生活是极其丰富多彩的。之所以如此，是因为有了张雯、曹慧中、马岚、司开玲、李晓斐等同门师兄师姐们的引领和马慧娟、孙燕、傅琦、胡艳华、范啸寅、廖吉媚、罗敏、仝腾、孔丹妮等师弟师妹们的追逐。还有同学毛飞飞、刘芳、刘佩锋、张佳华、樊佩佩、周纯、后梦婷、季春梅、龙永红、冯莉、刘琳琳、廖静如、陈嘉嘉、李兴华等 18 名同学以及王晓泰、邢宇宙等学长的陪伴。感谢正在香港中文大学攻读博士学位的李春凯师弟为本书的写作提供的部分文献资助。还要感谢陶二宿舍的潘建宏、杨洁、吴静、许光萍、甘慧慧等阿姨以及杨木祥师傅给我提供干净舒适的休息环境。

感谢田野调查中曾经无私无悔地帮助过我的那些"无名"朋友们。没有他们推心置腹的交流也就没有这部拙作。在田野中，虽然碰到了种种困难和危险，但农民工兄弟姐妹们的关怀让我备感安慰，让我鼓起勇气勇往直前。感谢劳务市场管理人员和驻守的公安干警为我提供的必要帮助。感谢皮肤病防治研究所的有关同志和小行社区工作人员的热情服务。

感谢我的嫡系师公美国华盛顿大学（University of Washington）人类学系郝瑞（Stevan Harrell）教授在南京大学访问期间对我论文的理论框架提出的宝贵意见。感谢美国波士顿大学（Boston University）人类学系的魏乐伯（Robert P. Weller）教授在南京大学访问期间对我的论文提出的很多中肯的意见。同时，感谢美国加州大学欧文分校政治学与社会学（University of California, Irvine）的苏黛瑞（Dorothy J. Solinger）教授对本书选题方向的指导和建议，她还有针对性地给本书的写作提出许多宝贵建议。本书的一部分内容曾经在香港中文大学第四届人类学研究生论坛"Asian Anthropology: Materiality, Movement, and Change in Practice"上演讲，获得了香港中文大学的王丹凝老师和中国人民大学赵旭东老师的指导意见。厦门大学公共事务学院的李明欢教授也对本书的研究提出了很好的建议。本书在写作中曾得到西澳大利亚大学（The University of Western

Australia）亚洲研究专家席格伦教授（Professor Gary Sigley）的文献资助。最后特别感谢广西民族大学人类学教授徐杰舜先生，是他启蒙并指导我走进人类学的殿堂。

本论文在田野调查和写作期间获得了南京大学"社会学院研究生学位论文基金"、江苏省普通高校研究生科研创新计划项目（编号：CX10B_018R）的资助，本书的出版亦获得了"江南大学法学院著作出版基金"资助。同时我对出版社的李学军老师的辛勤付出表示由衷的感谢！

总之，感谢那些真诚地关心和帮助过我的人们！

最后，由于本人才疏学浅，书中必有疏漏与谬误之处，尚祈专家与读者不吝赐教。

王华
2015 年 12 月 7 日于江南大学文科楼